介護オンブズマンがまとめた

これ1冊でわかる 特別養護老人ホーム

改訂版

特定非営利活動法人
介護保険市民オンブズマン機構大阪／編著

クリエイツかもがわ
CREATES KAMOGAWA

はじめに

高齢者が抱える不安で最も大きいのは、自分が要介護状態になったときのことです。「住み慣れた自宅で暮らし続けたい」とは思うものの、介護が必要になって徐々に心身の状態が悪化していくと、自宅での暮らしは次第に難しくなり、介護施設への入居が必要な場合も少なくありません。

最近ではさまざまな高齢者施設・住宅が誕生しています。そのなかで、常に介護が必要な人を対象にした施設が、特別養護老人ホーム（以下、特養）です。介護施設の中で最大のベッド数を有し、施設数は全国で9700以上あり、57万人以上がそこで暮らしています（2017年４月時点）。以前は要介護１以上なら入居できましたが、2015年度の介護保険制度の見直しにより、主に要介護３以上の人を対象とする施設になりました。

対象者が狭まったとはいえ、比較的安い費用で必要な介護を最期まで受けられるため、入居希望者は多く待機者も36万人以上に上っています（2017年３月時点）。まだまだ「施設を選んで」という人は少ないのが現状ですが、ひとくちに特養といっても、施設によって特色や違いが多々あります。入居してから後悔しないためにも、また「最期まで自分らしく暮らす」ためにも、事前に知識と情報を得ておくことが不可欠です。

2000年に設立した介護保険市民オンブズマン機構大阪（Ｏ－ネット）では、「告発型ではなく橋渡し役」を基本スタイルに、20年にわたり特養でオンブズマン活動を続けてきました。一定の研修を受けた市民が、ボランティアで活動する「介護オンブズマン」となって施設を定期的に訪問し、利用者の話し相手になりながら、実際の介護の現場も観察する中で、施設介護の質向上に努めてきました。20年間で活動した特養は87か所、オンブズマンは400人以上に上っています。

本書は2016年６月に初版を発行、その後の変化を踏まえ、新しい情報も盛り込んで、このたび改訂版を発行することになりました。長年のオンブズマン活動を通して蓄積してきた経験をもとに、特養とはどういうところか、特養を利用する際に知っておきたい知識・情報、現状と課題をまとめています。特養利用の際のガイドブックとして、また「介護を受けながら施設で暮らす」とはどういうことか、を考えるきっかけになれば幸いです。

特定非営利活動法人
介護保険市民オンブズマン機構大阪

介護オンブズマンがまとめた

これ1冊でわかる

特別養護老人ホーム 改訂版

第1章

特養の基礎知識

特養は、最もポピュラーで利用する人も多い介護施設です。
高齢者介護の老舗格ですが、その仕組みはあまり知られていないのが現状です。
この章では、介護施設における特養の位置づけと特徴、費用、構成員など、枠組みについて学びます。

1 「施設で暮らす」ということ

介護保険利用者の1/5は施設で暮らしている

超高齢社会が進む我が国。65歳以上の高齢者は2015年には3395万人、団塊の世代が75歳以上となる2025年には3657万人に達すると言われています。そうしたなか、介護が必要な人も年々増え続けています。介護保険利用者のうち、要介護３までは「居宅サービス」の利用が多いものの、重度になるにつれて「施設サービス」を利用する割合が増え、要介護５ではほぼ半数が施設に入居。サービス利用全体においても、要介護１～５の人の約1/5以上が施設に入居しています（2019年１月）（表１）。

家族介護が中心だった1980年代までは「高齢者は家族と暮らし、病院で亡くなる」というのが一般的でした。介護施設に入るのは身寄りがない高齢者など少数派であり、施設も都心から離れた不便なところにありました。しかし長寿化が進み、脳卒中の後遺症などで身体が不自由な高齢者が増えるなか、家庭の介護力だけでは対応できず、社会全体で支え合っていく仕組みづくりが不可欠になりました。介護保険制度の誕生はこうした社会構造の変化が背景にありました。

表１）要介護１～５の受給者におけるサービス利用状況（単位：千人）

	計	要介護1	要介護2	要介護3	要介護4	要介護5
総数	4339.1	1134.7	1069.8	832.5	753.1	549.0
居宅サービス	3082.6	975.8	908.7	554.0	390.3	253.6
	71.0%	86.0%	84.9%	66.5%	51.8%	46.2%
地域密着型サービス	879.4	255.2	235.7	180.1	125.3	83.0
	20.3%	22.5%	22.0%	21.6%	16.6%	15.1%
施設サービス	955.2	51.1	91.7	223.9	322.3	266.2
	22.0%	4.5%	8.6%	26.9%	42.8%	48.5%

資料：厚生労働省「介護給付費実態調査月報」（平成31年１月審査分）より作成

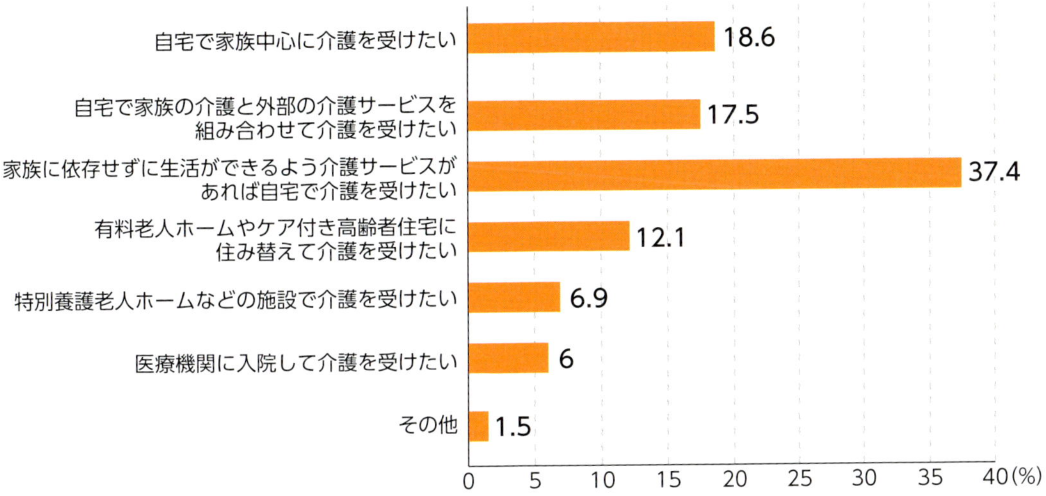

図1）どこでどのような介護を受けたいか　資料：厚生労働省政策統括官付政策評価官室委託「高齢社会に関する意識調査」（平成28年）

2000年の介護保険の開始以降、急速に介護施設が整備され、交通の便の良いところにも施設が次々と開設されるようになりました。マンションやホテルのようなモダンな外観のところも少なくありません。

40歳以上の男女を対象に実施した厚生労働省の意識調査（2016年）では、「自宅で介護を受けたい」と7割以上の人が望むものの、「介護施設や病院で介護を受けたい」人も1/4を占めています。そして、そのうちの5割弱が「特養などでの介護」を希望しています（図1）。

「住み慣れた自宅で最期まで」が理想ではあるものの、「介護が必要になったとき施設で暮らす」ことを選択肢として考えている人も少なくないのです。

施設暮らしは21世紀の新しいライフスタイル

21世紀、高齢者の暮らしぶりは随分変わりました。健康と長寿、医療保険や年金制度の充実によって、高齢期になってもいきいきと暮らす人々が増えています。

経済的に豊かな高齢者層は、さまざまな産業に影響を与えています。とくに高齢者を対象とした「住まい」では驚異的に選択肢が増えました。元気なうちから入居でき、介護が必要になっても住み続けられる介護付き有料老人ホームやサービス付き高齢者向け住宅（以下、サ高住）などが相次いで開設されています。また特養・老人保健施設（以下、老健）に加え、グループホーム、

表2）さまざまな介護施設・住宅

高齢者の施設・住宅	特　徴	要介護度	月額利用料
特別養護老人ホーム（特養）	比較的安価な費用で最期まで暮らせる施設。待機者が多い。	要介護３以上	5～15万円
老人保健施設（老健）	在宅復帰が目的で、リハビリに重点を置く施設。入居期間は原則3か月だが、長期利用者も多い。	要介護１以上	6～15万円
介護医療院	長期に療養が必要な人が入居。医療管理のもと、看護や介護を受ける。以前は療養型医療施設として位置づけられていたが2017年度末で原則廃止（2024年度末まで経過措置あり）されるのに伴い、2018年度から開設されるようになった。	要介護１以上	9～17万円
グループホーム	認知症高齢者を対象に、家庭的な環境のもと、介護を受けながら少人数の共同生活を行う。１ユニット9人で、2ユニットまで。重度になると利用できないところもある。地域密着型サービスのため、利用は施設のある市町村の在住者（住民票あり）に限られる。	要支援２・要介護１以上	16～20万円 入居一時金要のところも
介護型ケアハウス	設置数は少ないが、所得に応じて自己負担額が決まるため、費用は比較的安価。「介護型」は「特定施設入居者生活介護」の指定を受けた施設で、特養のように日常介助が最期まで受けられる。	要介護１以上（要支援から入居できるところもある）	7～20万円 入居一時金要のところも
介護付き有料老人ホーム	「特定施設入居者生活介護」の指定を受け、特養のように日常介助が受けられ、最期まで利用可。施設によって利用料金の差が大きい。	自立・要支援・要介護１以上	14～40万円 入居一時金が必要なところも
サービス付き高齢者向け住宅（サ高住）	バリアフリー、安否確認、生活相談を義務付けた高齢者のための賃貸住宅。食事や併設事業者による介護サービスを提供しているところが多い。	自立・要支援・要介護１以上	10～30万円 敷金・礼金が必要なところも

介護型ケアハウスなども増え、種類も戸数も豊富になっています。

最近では心身の状態・経済事情などに応じて高齢期に住まいを変えるのは、珍しいことではなくなりました。そして、今や「介護を受けながら施設で暮らす」という暮らし方も特殊なことではなくなっています。「施設暮らし」は、人生の最終ステージにおける「新しいライフスタイル」と言っても過言ではないでしょう。

施設に入居するメリットは、ある程度健康管理に配慮され、24時間見守り体制があることです。必ずしもいつでも介護者がそばにいるということではありませんが、定期的な居室の巡回や見守りがあり、心身に不具合が起こっても比較的発見が早いので、高齢者の大きな安心につながります。また、家族介護と違って家族間の疲弊を防ぐことができるのも利点です。

ただし、同じような年代の人々が暮らすとはいえ、そこで新しい仲間や友人ができるとは限りません。むしろ、小さな衝突やトラブルを避けるためにも、距離をもって接する方がよいようです。「施設暮らし」のコツは、まさにそこにあると言えます。

施設のリビングでくつろぐ利用者と職員

特養の特徴

費用が安く、最期まで介護が受けられる「終の棲家」

特養は全面的な介護が必要な人のための介護施設です。全国に9700施設以上あり、約57万人が暮らしています。介護保険サービスで利用できる代表的な施設で、寝たきりや重い認知症などで自宅での介護が困難な高齢者が入居しています。

以前は要介護１～２の人も対象となっていましたが、介護保険制度の見直しにより2015年度から、対象者は原則として65歳以上で要介護３～５の人となりました。

入居に所得制限はありませんが、「重度」「緊急性が高い」「生活が困難」な人は優先順位が高くなります。

法律に基づく公的な施設のため費用が安く、入居一時金も必要ありません。そのため入居要件が「要介護３以上」になったとはいえ、入居を希望する人は依然として多いのが現状です。

特養を開設・運営できるのは、原則として地方自治体と社会福祉法人ですが、運営の大部分を担っているのは社会福祉法人です。特養の位置づけや目的については老人福祉法と介護保険法に定められています。そして施設の人員・設備・運営については、付属法である厚労省令で基準が設けられており、守るべき姿が示されています。

特養では、利用者の心身の状況などに基づいてケアプランが立てられ、介護職員が入浴・食事・排泄などの身体介護、掃除・洗濯・買物といった生活の援助を行います。

■ 特養の特徴（●長所　●短所）

長所
- 重度の人が対象だが、最期まで暮らせる
- 身体介護・生活援助を一体的に受けることができる
- 年中行事やレクリエーションなどの催し物が比較的多い
- 経済的負担が比較的少ない

短所
- 入居時、緊急性や特別な事情を考慮される場合もある
- 待機者が多い
- 相部屋が多く、居住環境には制約があるところが多い
- 医療ケアは限定的

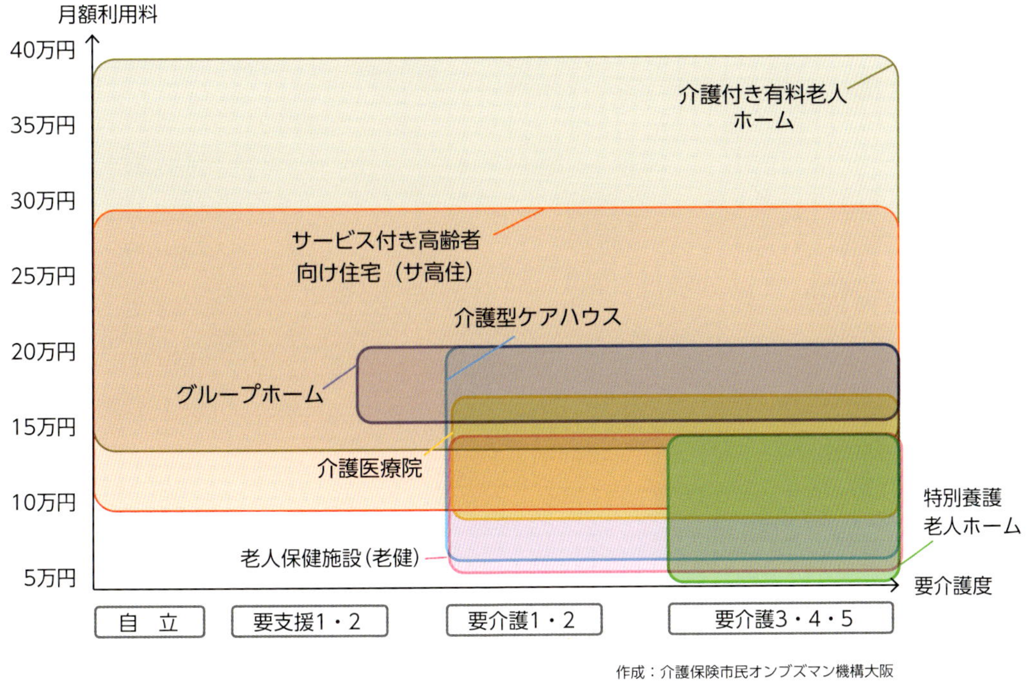

図１）介護施設・住宅における特養の位置づけ

また、レクリエーションや年中行事なども行われます。

曜日・時間・内容によって断続的に提供される「居宅サービス」と違い、「施設サービス」の一つである特養では、介護サービスを包括的に受けられます。定額の費用で24時間一体的にサービスを受けられることが、大きな特徴です。

半面、病院のような「治療の場」ではないので医療的ケアは限定的です。経管栄養など医療処置が常時必要な人の受け入れは難しい場合が多いでしょう。また、居室の多くは相部屋であるため、有料老人ホームやサ高住に比べると、居住環境には一定の制約があるのが現状です。

特養の最大の利点は、最期までそこで暮らせ、介護を受けられる点です。一定の期間が過ぎれば在宅復帰や転居が必要な老健や、重度や終末期になると退居が必要になる場合もあるグループホームと違って、よほど特別な事情がない限り、退居を迫られることもありません。費用も有料老人ホームやサ高住のように高額ではないため、長期間暮らすことによる経済的な心配も比較的少なくてすみます。最近は看取り介護を実施する特養も８割に上っており、まさに「終の棲家」としての役割を担っています（図１）。

COLUMN

2つの呼び名がある施設

「特別養護老人ホーム」と「介護老人福祉施設」——。呼び名は違っても同じ施設のことです。1963年に老人福祉法で定められた特養は、2000年施行の介護保険法で「介護老人福祉施設」として介護保険施設の一つとなりました。2つの呼び名があるのは、これらの法律に基づいているからです。介護サービスを利用する場合、介護保険法に基づいて行われるので契約書には「介護老人福祉施設」と記されます。しかし名称は以前からある「特別養護老人ホーム」の方が、なじみがあるので現在も広く使われています。

特養に定められている基準

特養は省令によって守るべき基準が記されています。介護保険法に基づく「指定介護老人福祉施設の人員、設備及び運営に関する基準」（以下、「指定基準」）、老人福祉法に基づく「特別養護老人ホームの設備及び運営に関する基準」に、具体的な内容が記されています。これら2つの基準には同じ内容が盛り込まれている部分も多くありますが、記載されている条が異なります。本書では、「指定基準」の条項をもとに記します。

「指定基準」には、配置すべき職種と人数、食堂・トイレ・医務室など設置に必要な設備や居室の広さ、ケアプランをもとに実施した介護内容の記録の必要性など運営上の規定が明記されています。

社会福祉法人とは

全国の特養運営の大半を担っている社会福祉法人。特養が現在のように多くの高齢者が利用するポピュラーな介護施設になるなか、その組織のあり方と特殊性についても関心が高まっています。

社会福祉法人は社会福祉事業を行うことを目的とした公益法人で、厳しい監査があるなど制約を受ける一方、施設整備助成や法人税・固定資産税非課税といった優遇制度もあります。そのため近年、税制優遇や内部留保の大きさが指摘され、経営の透明化を求める声が高まっています。全ての法人に巨額な内部留保があるわけではありませんが、福祉サービスの提供だけでなく、地域福祉への貢献など、社会福祉法人ならではのあり方が問われています。

特養に入るには

待機者は多いがあきらめないで意外に早く入居できることも

特養に入るには、事前に介護保険の要介護認定を受けておくことが必要です。

自治体の介護保険担当や地域包括支援センターなどで「要介護認定」を申請すると、自治体から派遣された認定調査員が訪れ、心身の状況などを把握する調査を行います。この調査結果と主治医の意見書をもとに「介護認定審査会」が開かれ、介護の必要性の有無や要介護度を判定。１か月ぐらいで認定結果が通知されます（P.16図１）。

要介護３以上の人を対象とする特養の場合、介護認定を初めて受けるという人は少ないでしょう。「突然、脳卒中で倒れ、重い後遺症が残ったため退院しても自宅での生活は難しい」といったケースは別ですが、たいていの場合はすでに要介護認定を受け、介護保険の何らかのサービスを利用している場合が多いと言えます。

例えば「ホームヘルプサービスやデイサービスを利用していたが在宅での生活が困難になった」「病気で入院治療を続けていたが治療よりもケアが主となった」ことにより特養に生活の場を移したり、「老健でリハビリや治療を受けていたがこれ以上の回復は望めない」「グループホームに入居していたが病気や認知症の進行により対応が困難になった」「有料老人ホームやサ高住で暮らしていたが経済面で不安がある」といった理由で特養へ転居するケースなどです。

特養の待機者は、以前は約52万人いましたが、入居要件が厳格化された2015年度

■ 希望する施設に入居するには

①施設に入居の意思をはっきり伝える

②施設を訪れたり電話を入れたりして、待機順位などの情報を得る

③デイサービスやショートステイを利用し、なじみの関係を築く

④入居希望者や家族などの介護者に変化があった場合は、緊急優先入居もあるので、施設に相談する

以降減少に転じ、かなり緩和されています。ただし、都市部では介護職員が足らず、「空きがあるのに入居できない」ところもみられます。とはいえ、複数の施設に申し込みをしている場合もあるので意外に早く順番が回ってくることも。「特養＝入居できない」と入居の選択肢から外してしまうのではなく、諦めないで申し込みましょう。

なお、申し込んだ施設には電話で待機順位や実数を問い合わせることもできるので、そうした方法で目途をつけるのもよいでしょう。また、第１希望の施設には入居の意思をはっきり伝えておくことも大事です。入居前にデイサービスやショートステイを利用して、その施設の様子を知ると同時に、自分自身についても知ってもらっていると、スムーズな入居につながる場合が少なくありません。

熟読したい「重要事項説明書」、要望もきちんと伝えておこう

「入所申込書」を施設に届ける（郵送可）と、それを受けて施設の職員が入居希望者のもとを訪れ、聞き取り調査を行います。その後、施設長・生活相談員・第三者委員等による「入所判定（選考）委員会」で職員の聴き取り内容や要介護度・家族の状況などを考慮して入居の順位を決定し、入居できる場合は連絡が入ります （図２）。

そして、入居の際には「重要事項説明書」により施設のサービス内容・経費等の説明を受けます （P82）。「重要事項説明書」は情報の宝庫。職員の配置状況、サービス内容と利用料金、加算 （P31〜33）、介護サービス以外の利用料金、協力医療機関や退居の要

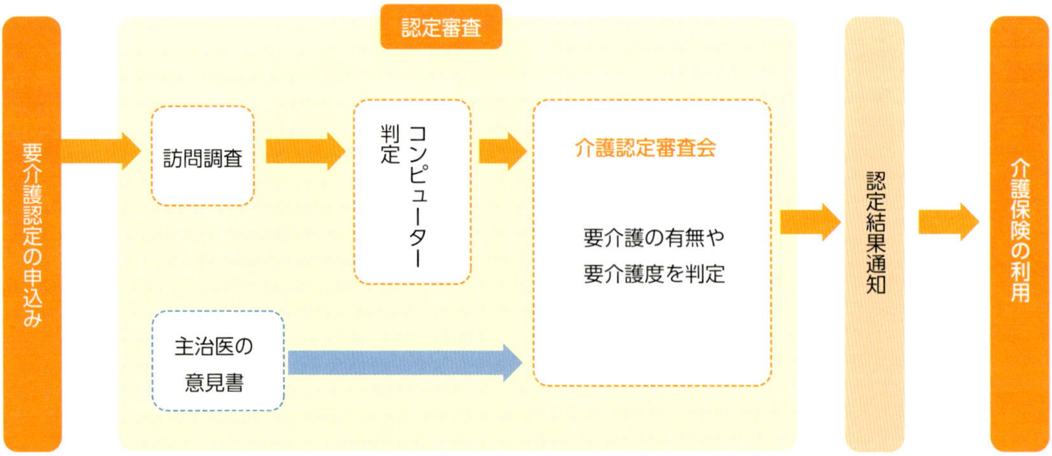

図１）介護保険サービス利用に至る仕組み

件、苦情受付などが明記されています。しっかり目を通し、必要時に確認できるよう保管しておきましょう。

契約後、ケアプラン（施設サービス計画書）が作成されます。作成にあたって施設のケアマネジャー（P22）が、どういう生活がしたいのか、生活面でのこだわりや介護面で気をつけてほしいことなどについて、聴き取りを行います。また、ケアマネジャーは身体状況についても観察を行います。日常生活でできること・できないこと、サポートがあればできそうなことなど、一つひとつ確認し把握していきます。

ケアプランは、入居する本人が、主体的に、自分らしく暮らすために必要な“介護の道しるべ”となるものです。それだけに「施設任せ」にするのではなく、本人・家族が要望を遠慮せずにきちんと伝えておくことが大切です。

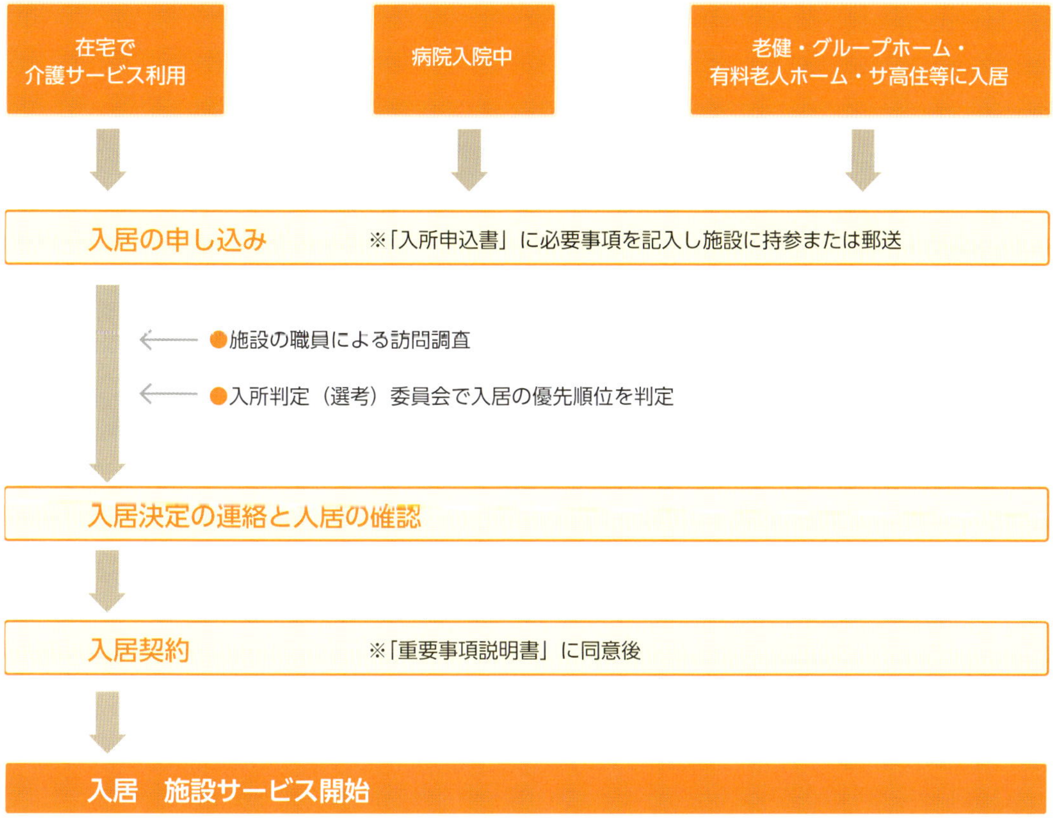

図２）特養入居までの流れ

4 特養の種類

ハードもソフトも異なる従来型と個室ユニット型

特養は居住環境の違いから、従来型と個室ユニット型の２つのタイプに分けることができます。

従来型の居室は、一部個室もありますが、大半が相部屋（多くは４人部屋）で構成。利用者一人ひとりの居住スペースはカーテンや間仕切りで仕切られています。病院をモデルとした居住環境です。

個室ユニット型は、利用者７人～10人を１つの小規模な居住単位（ユニット）とし、中央にリビングスペース（共用空間）を設置してリビングを囲むように居室を配置。単に個室にするだけでなく、リビングを設けることで家庭に近い居住環境をつくり、利用者同士の交流が図れるようにしています（図１）。

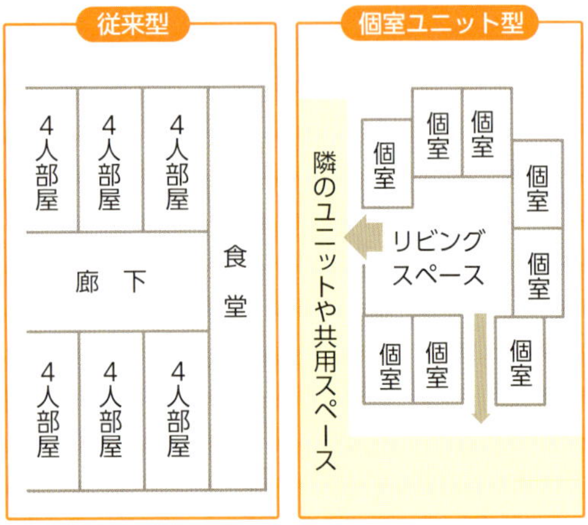

図１）居室の配置の違い

出典：厚生労働省『2015年の高齢者介護～高齢者の尊厳を支えるケアの確立に向けて～』補論「2　ユニットケアについて」

ソフト面、すなわちケア方法も従来型と個室ユニット型では違いがみられます。

従来型では、食事・入浴・排泄などのケアを施設全体の日課に沿って一斉に実施する「集団ケア」を行っているところが少なくありません。さまざまな職員が業務を分担しながら流れ作業的に対応。１人の介護職員が対応する利用者は30～50人に及びます。

これに対し個室ユニット型では、ユニットごとに担当する介護職員（５人前後）を固定。ユニットの利用者の心身の状況や性格・生活習慣などを把握し、なじみの関係をつくる中で、個々の生活リズムに沿ったケアを実施します。こうしたケアを「ユニットケア」と呼んでいます（表１）。

このような違いのある従来型と個室ユニット型ですが、従来型特養の中には居住環境に制約があるものの、できるだけ集団ではなく個別に対応しようと、グループケアを導入しているところも増えています。そうした施設では、だいたい利用者20人前後を１つのグループとして担当職員を固定しケアにあたっています。

「利用者本位のケア」追求から生まれた個室ユニット型

2000年に始まった介護保険制度は、世界に誇ることができる画期的な制度です。そしてそこでは「利用者の尊厳の確保」や「利用者本位のケア」をはっきりと謳っています。

「介護が必要になっても自宅の暮らしに近い生活を営めるようにする」「利用者が真に“生活の主体者”となり、自己決定できるケアを実現する」――こうした考えのもと2003年度から進められてきたのが個室ユニット型特養の開設です。現在、個室ユニット型の普及率は約４割。「待機者が多い」「従来型に比べて費用が高い」などの理由から新築施設でも相部屋を容認している自治体も少なくありません。

個室ユニット型の普及と定着には、「生活の場は個室が当たり前」だという社会意識の醸成、「ベッド数の確保も、介護サービスの質向上も、ともにめざそう」とする自治体の意識の変化が不可欠です。そしてだれもが個室に入れるように、低所得者への対策拡充も望まれます。

表１）従来型と個室ユニット型特養の違い

	居室	トイレ	食事	入浴	利用者数：職員数	夜勤の職員配置	居住費	月額費用（要介護4の場合）
従来型	４人部屋が中心	フロアに設置、もしくは４人部屋に１か所設置	大食堂またはフロアで定時に	施設内に１～２か所大浴場を設置	3：1〜2.5：1が中心	利用者20～30人に職員１人	約10,000～35,000円／月 ※相部屋の利用者負担第1段階は0円	約25,000～100,000円
個室ユニット	個室	個室またはユニットに設置	ユニットのリビングで。開始から２時間以内なら自由に食事できるところも	ユニットもしくはフロアに１か所以上浴室を設置	2：1〜1.8：1が中心	利用者20人（2ユニット）に職員１人	約25,000～60,000円／月	約50,000～130,000円

表2）広域型と地域密着型特養の違い

	入居申込	定員	事業所指定	特徴	廊下幅	居住環境	形態
広域型	居住地制限なし	30人以上	都道府県 政令指定都市 中核市		1.8m	従来型が多い	従来型 個室ユニット型
地域密着型	住民票がある市町村のみ	29人以下	市町村	運営推進会議の開催	1.5m	個室ユニット型が多い	単独型 併設型 サテライト型

申込条件や入居定員が異なる広域型と地域密着型

入居可能地域の違いから、特養を広域型と地域密着型に分けることもあります。

広域型とは、施設が所在する市町村の住民でなくても、入居申し込みができる特養のこと。「子どもの家が近い」「入りたい施設がある」などの理由で、自宅から遠い施設であっても入居を申請することができます。例えば大阪市に住んでいても、兵庫県にある施設を申し込むことが可能です。

広域型特養の定員は30人以上。100人以上の大規模施設も少なくありません。2005年までに開設した施設はすべてこのタイプです。

これに対して最近増えつつあるのが地域密着型特養です。施設が所在する市町村に住む人（住民票がある）のみが入居できる特養で、定員は29人以下に限られています。

「介護が必要になっても、できる限り住み慣れた自宅や地域で生活を継続できるように」という趣旨のもと、2006年度から地域密着型サービスが始まりました。その一環として始まったサービスの一つが地域密着型特養です。

地域密着型も、居住環境の観点から従来型と個室ユニット型があります。ただし規定上はユニット型が推奨されています。また、形態には単独型のほか、デイサービスなどとの併設型、同一法人が運営する広域型特養の近くに開設されて職員の行き来が可能なサテライト型があります。サテライト型は人員配置などに緩和措置があり、施設長や看護職員など本体施設（広域型特養）との連携による兼務が認められています。

地域密着型では、地域と連携することを目的に、隔月で「運営推進会議」が開かれます。会議の構成員は、施設職員、利用者・家族や地域住民の代表、市町村職員などです（表2）。

5 特養で働く人々

さまざまな職種で構成される専門職集団

特養で働く人々は、さまざまな職種で構成されています。入居者の定員数に応じ、「指定基準」（P14）によって配置すべき職種や人数が決められています（P23表1）。主な職種と役割は次のとおりです。

❶ 施設長

特養の最高責任者で、施設の経営・運営・労務管理全般にあたります。利用者が安心して自分らしく快適に暮らせるよう配慮するとともに、職員にとって働きやすい職場環境を整えることが、施設長の大きな任務です。その他、地域や行政など外部との関係づくりにも力を注ぎます。

施設長になるには、①社会福祉主事の要件を満たす、②社会福祉事業に2年以上従事、③社会福祉施設長資格認定講習会を受講、のいずれかに該当することが必要です。必ずしも福祉の専門職でなくてもよい、ということです。

複数の施設を持つ大きな社会福祉法人の場合、人事異動で数年ごとに施設長が変わる場合があります。しかし、小規模法人の場合などでは、同じ人が長年、同一施設の施設長を務めることが少なくありません。

以前は福祉マインドを基本に、行政の指導に基づいて運営していればよかった特養ですが、介護保険制度開始以降、他業種からの参入も相次ぎ、施設数も大幅に増加。安定的に良質の介護サービスを提供するには、福祉マインドに加え、人材育成や事業推進力などの経営手腕も、施設長に問われるようになっています。

いずれにしても施設長は「施設の顔」であるだけに、「施設の善し悪しは施設長で決まる」といっても過言ではありません。介護現場をはじめ、施設全体を広い視野で見つめて進むべき方向性を示す。日々のありかたや対応について、的確かつ真摯な判断と行動で職員を牽引していく。そうしたリーダーシップが大いに求められます。

❷ 生活相談員

利用者・家族の相談ごとや苦情の聴き取りなどに対応します。利用者の入居・退居の手続き、職員との連絡調整、医療や外部機関の関係者との連絡調整などにも対応します。

生活相談員は「指定基準」により、1人か2人配置されることになっています。特養の場合、資格要件があり、たいていは社会福祉主事任用資格や社会福祉士の資格をもつ人が、この仕事に携わっています。都道府県によって異なりますが、介護福祉士や介護支援専門員が従事している場合もあります。

施設によって異なるものの、施設長に次いで総括的な役割を担っている場合も少なくありません。

❸ 介護職員

食事・入浴・排泄・衣服の着脱・移動など、日常生活のさまざまな場面において心身の不自由な利用者をサポートします。利用者や家族にとって最も身近な存在です。

介護職員（看護職員含む）は、利用者3人に対し、常勤換算で1人以上配置することになっています。ただし夜勤に入ったり休暇をとったりしている職員もいるため、実際は日中でも介護職員の割合はもっと少なく、利用者10人に対して1人程度です。

利用者が安心して快適に暮らせるか否かは、介護職員の接し方や臨機応変な対応の善し悪しにかかっています。それだけに介護職員には、プロとしての介護の知識と確かな介助技術、高い倫理性、豊かな感性と判断力が求められます。

資格の有無は問われませんが、一定の専門性が必要なため、「介護福祉士」の国家資格を求められるところが増えてきています。介護福祉士を一定数確保していると加算が取れる点も、施設が資格を重視する要因となっています(P33)。介護職員としての経験が3年以上あれば介護福祉士の受験資格が得られるので、受験を勧める施設も少なくありません。

❹ 介護支援専門員

施設ケアマネ（施設ケアマネジャー）とも呼ばれる「介護のコーディネーター役」です。

入居の利用者の要望や状況把握に努め、ケアプランの原案を作成。利用者・家族、担当の介護職員などが集まってサービスを

表１）職員配置基準

職種	施設長	生活相談員	介護支援専門員	医師	介護職員	看護職員	機能訓練指導員	栄養士	事務員調理員
配置基準	1人（常勤）	利用者100人に1人以上（常勤）	利用者100人に1人以上（兼務可）	必要数（非常勤可）	利用者と介護・看護職員の割合が常勤換算で3：1以上		1人以上（兼務可）	1人以上 ※40人未満の施設は、他と連携できれば0人でも可	適当数
備考					利用者100人に31人以上 ※個室ユニット型施設は1ユニットに常時1人以上の職員を配置	利用者 29人まで…1人以上 30人～49人…2人以上 50人～129人…3人以上 ※常勤を1人以上配置			
					【夜勤時の介護・看護職員の配置】 利用者 25人以下…1人以上 26人～60人…2人以上 61人～80人…3人以上 81人～100人以下…4人以上 ※個室ユニット型施設は、2ユニットに1人以上配置				

検討するサービス担当者会議（ケアカンファレンス）を開催し、まとめ役を担います。また、実際の介護にあたっては、ケアプランが円滑に実施されるよう、それぞれの利用者の担当介護職員などへの指導にもあたります。

特養では介護支援専門員の資格を持つ人を1人配置することになっています。介護主任・生活相談員・看護師などが兼務している施設も多くみられます。

❺ 医師

看護職員とともに利用者の健康管理にあたり、施設内での「かかりつけ医」としての役割を担います。

指定基準では「健康管理及び療養上の指

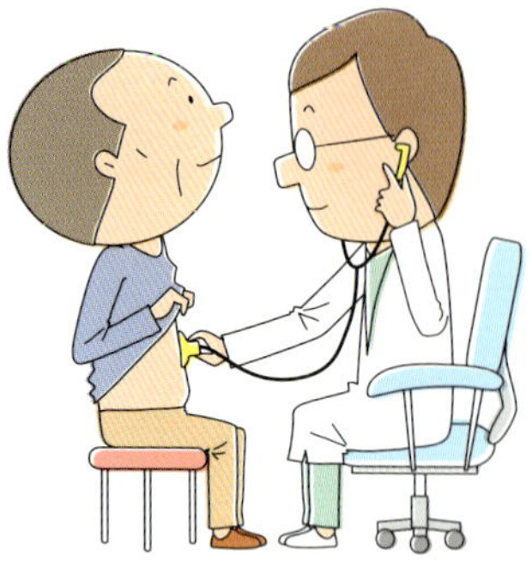

導を行うために必要な数」と記されているだけで、人数や常勤・非常勤の規定はありません。たいていの施設の医師は非常勤で、回診は週1～２回が一般的。入浴の可否や食事の指導、処方箋の作成などにもあたります。

その他、ケースによってはサービス担当者会議に出席し、医療の立場から意見を述べたりすることもあります。また、協力病院への紹介状や診断書などの書類作成にもあたります。

最近では看取りを行う施設も増えています。そうした施設では、医師は利用者・家族・施設職員と連携して、よりよい看取りへの対応に努めています。

❻ 看護職員

心身の不調を抱える人も多い特養において、利用者の健康管理はとても重要な仕事です。そして、それを担っているのが看護職員です。

看護職員は、利用者数に応じて配置人数が決められています。利用者29人までの施設では常勤換算で１人以上、30人～49人で２人以上、50人～129人で３人以上となっています。

看護職員の資格は看護師・准看護師の別を問いません。夜間も看護職員が勤務している施設は非常に少なく、日勤が大半です。

特養における看護の仕事は、毎日の検温・血圧測定、服薬管理、痛みや傷の対処、医師の診察の手配、外来受診の付添、容態急変時の対応など、多岐にわたります。とくに急変時は利用者の状況と緊急性を判断し、医師に連絡するなど迅速で的確な対応力が求められます。

最近は重度の利用者が多くなっているため、胃瘻（いろう）の注入、痰の吸引、酸素吸入、輸液注射など看護職員が担う医療処置も増えています。

なお、看取り介護を行っている施設では、加算を取っている場合、常勤の看護師を１人以上配置し、24時間の連絡体制を確保して医師への連絡、介護職員等への指示・助言に迅速に対応することも必要です。利用者・家族・担当の介護職員を心理面で支える重要な役割も担っています。

❼ 栄養士

栄養士は、朝食・昼食・夕食・おやつなどを調理師と連携して提供します。

食事は利用者にとって元気の源であり、毎日の数少ない楽しみごとです。それだけに献立・栄養摂取量・食事形態の工夫などにおいて、専門職ならではの力量が求められます。

利用者のもとを訪れて嗜好調査を行ったり、誕生日など特別な日に食べたいものを聴き取ったり、介護職員と一緒に咀嚼や飲み込みの困難な人の食事形態を工夫したりするなど、工夫を重ねている栄養士も少なくありません。

❽ 機能訓練指導員

利用者ができるだけ日常の生活動作を保ち、身体機能が衰えないようにするため、特養では機能訓練にあたる職員を１人以上配置することになっています。

機能訓練指導員は、理学療法士、作業療法士、言語聴覚士、看護師、准看護師、柔道整復師、あん摩マッサージ指圧師、はり師、きゅう師のいずれかの資格をもっていることが必要です。指定基準上、機能訓練指導員は「兼務でもよい」とされているため、医務を担っている看護職員などが担当者となっている場合も少なくありません。

なお、施設が機能訓練に力を入れ、個別機能訓練加算（P31）を取っている場合、機能訓練指導員は常勤専従で配置されることになっています。

❾ その他の職員

特養では事務員・調理員の配置が定められています。その他、清掃・洗濯・営繕などの仕事に携わっている人もいます。それぞれが得意の技能を発揮することで、利用者が安心して過ごせる場をつくっています。

COLUMN

チームケアの充実が欠かせない

さまざまな専門職が働く特養で、近年とみに大切になっているのがチームケアの充実です。認知症の利用者が多く、意向の確認や体調変化の把握なども難しいだけに、介護・医療・リハビリなどの専門職が幅広い視点でケアに必要な情報を共有し、キーパーソンとなる家族も巻き込んで、よりよい対応を模索することが欠かせません。チームケアの充実は、職員主導ではなく、利用者本位の介護を進めるうえでも有効です。

6 利用料金①　基本料金

利用料を払うことでサービスを受ける権利を守る

介護保険は租税半分と国民による保険料半分を財源とする、世界でもユニークな社会保険制度です。租税を半分投入することで保険料を下げるとともに、40歳以上の市民が保険料を払うことで「みんなで支えるシステム」を作り上げました。いわば会員制のようなしくみですから、保険料を払っている人には必要があればサービスを受ける権利があります。費用の一部は利用内容に応じた応分負担ですが、残りは介護保険から支払われます。

このシステムによって、介護サービスの利用者は一方的に「お世話を受けるだけ」の立場ではなく、保険料を支払うことを通して制度の確立や発展の一端を担ってきた会員として、堂々とサービスを受けることができるようになりました。利用する側の立場を保障し、「権利性が認められている」というこの点は、介護保険以前の措置制度とは大きく異なる点です。介護保険のこうした側面もしっかりと理解しておきましょう。

基本料金は、施設サービス費「利用者負担」と食費・居住費

特養の利用料金は、主に①施設サービス費の１～３割の利用者負担（以下、施設サービス費「利用者負担」）、②食費、③居住費で成り立っています。要介護度、生計（所得に応じた利用者負担段階（P28））、個室か相部屋か、によって利用料金は個々に異なります。

介護保険制度の見直しにより、2015年度以降、変更になった事柄も多々あるので注意が必要です。

❶ 施設サービス費「利用者負担」

施設が提供する介護サービスは、要介護度と従来型か個室ユニット型かによって、１日の基本費用が定められています（表１）。利用者が負担するのはその１～３割です。後述する加算についても同様の割合を負担します（P31～33）。

以前は全員1割負担でしたが、2015年８月から２割負担が、そして2018年８月には３割負担が、所得に応じて設けられるようになりました。単身世帯の場合、年金収入等が280万円未満は１割負担、280万円

以上340万円未満は２割負担、340万円以上は３割負担となっています。２人以上世帯の場合、346万円未満が1割負担、346万円以上463万円未満が２割負担、463万円以上は３割負担です。

施設サービス費「利用者負担」は単位数で示されています。そして地域の物価などを考慮して単位単価が決められています。そのため同じ条件でも、入居する施設の所在地によって費用が若干異なる場合があります。この冊子では分かりやすく、１単位10円の場合の負担額で表示します（表１）。

❷ 食費

１日の食材費と調理費をさします。食費は介護保険の対象ではなく、原則として自己負担です。金額も施設によって異なりますが、標準的な負担額（「基準費用額」という）が定められていて、その額は１日1380円です。

従来型施設ではこの基準費用額を１日の食費としているところが大半です。一方、個室ユニット型施設では1500円以上の金額を設定しているところも少なくありません。

❸ 居住費

食費と同じく、介護保険の対象ではありません。自己負担が原則です。個室や相部屋など住環境の違いによって負担額も異なります。

居住費も入居施設によって金額は異なりますが、基準費用額が定められています。ユニット型個室の基準費用額は１日1970円、従来型の個室は1150円です（P29表4）。

従来型施設の相部屋は住環境が劣ることから、これまで水道光熱費のみで居住費の負担はありませんでした。しかし2015年８月から、一定の所得がある人には費用がかかることになりました。基準費用額は1日840円となっています。

所得に応じて負担を軽減する仕組みも

特養の費用については、利用者の負担が

表１）利用者負担（１割の場合）

●従来型

	1日	1か月（30日）
要介護１	557円	16,710円
要介護２	625円	18,750円
要介護３	695円	20,850円
要介護４	763円	22,890円
要介護５	829円	24,870円

●個室ユニット型

	1日	1か月（30日）
要介護１	636円	19,080円
要介護２	703円	21,090円
要介護３	776円	23,280円
要介護４	843円	25,290円
要介護５	910円	27,300円

重すぎないように、所得に応じた軽減の仕組みが設けられています。

所得に応じた区分は「利用者負担段階」と言われ、下表のようになっています。

なお、「利用者負担段階」には資産要件も加味されるようになりました。特養に住所を移した利用者の場合、世帯分離した配偶者も住民税を課税されていないことなどが第１～第３段階の要件となっています（表２）。

❶ 施設サービス費「利用者負担」の軽減

施設サービス費の「利用者負担」には、「利用者負担段階」に応じて負担上限額が設けられています。市区町村の窓口で一度手続きしておくと、負担上限額を超えた月は自動的に「高額介護サービス費」として払い戻されます（表３）。

❷ 食費・居住費の軽減

食費・居住費は「利用者負担段階」に応じて負担限度額が設けられています。そのため利用者負担第１～第３段階の人には、限度額を超える負担はありません。基準費用額から負担限度額を差引いた分は「特定入所者介護サービス費」として市町村から施設へ支払われます。

食費・居住費の負担軽減を行うには「負担限度額認定」を受ける必要があり、市町村に申請しなければなりません（表４）。

❸ その他の軽減制度

「高額医療合算介護サービス費」は、１年間の医療費と介護保険の自己負担額の合計が著しく高額になった場合、限度額を超えた部分を支給する制度です。

「社会福祉法人による利用者負担軽減」（社福軽減）は、施設サービス費「利用者負担」と食費・居住費の合計額を75％（老齢福祉年金受給者は50％）に軽減する制度です。生活保護受給者は居住費が全額軽減されま

表２）利用者負担段階

<table>
<tr><td rowspan="2">第１段階</td><td>生活保護受給者</td><td></td><td></td></tr>
<tr><td>老齢福祉年金受給者</td><td rowspan="3">住民税非課税世帯</td><td rowspan="3">配偶者も住民税非課税であり、預貯金等が単身で1000万円、夫婦で2000万円以下であること</td></tr>
<tr><td>第2段階</td><td>年金収入等が80万円以下の人</td></tr>
<tr><td>第３段階</td><td>年金収入等が80万円を超える人</td></tr>
<tr><td rowspan="2">第４段階</td><td colspan="3">住民税課税世帯で、年金収入280万円未満の人（ただし2017年8月から2020年7月までの時限措置）</td></tr>
<tr><td colspan="3">住民税課税世帯で上記以外の人</td></tr>
</table>

表３）利用者負担段階と負担上限額（月額）

第１段階	15,000円
第２段階	15,000円
第３段階	24,600円
第４段階	44,400円

※年金収入280万円未満の人は37,200円（ただし2017年8月から2020年7月までの時限措置）

表４）負担限度額（月額の目安）

		１日の基準費用額	１か月の負担限度額の目安（@は日額：円）		
			第１段階	第２段階	第３段階
食費		1,380円	0.9万円（@300）	1.2万円（@390）	2.0万円（@650）
住居費	ユニット型個室	1,970円	2.5万円（@820）	2.5万円（@820）	4.0万円（@1,310）
	従来型個室	1,150円	1.0万円（@320）	1.3万円（@420）	2.5万円（@820）
	従来型相部屋	840円	0.0万円（@0）	1.1万円（@370）	1.1万円（@370）

す。そのため、この制度を利用すればユニット型個室の特養に入ることも可能です。ただし社福軽減を実施していない施設もあるので注意が必要です。

日常生活費、金銭管理費など、その他の経費もかかる

特養の主な料金は、施設サービス費「利用者負担」・食費・居住費ですが、その他にも若干経費がかかります。月額１万円ほどです。

主な経費は次のようなものです。

❶ 日常生活費

入浴時に使用する石鹸・シャンプー・タオルなど、施設が購入する日用雑貨の費用です。施設によって、この費用に含まれる内容・金額に違いがあるので、どのようなものが含まれているか確認するとよいでしょう。車椅子、歩行器、ポータブルトイレ、寝具類、エアマット、おむつ、食事用エプロンなどは介護保険給付に含まれているので日常生活費の対象にはなりません。

❷ 金銭管理費

施設が利用者の預金通帳等を預かり、金銭出納管理を行っている場合にかかる手数料です。全利用者対象ではなく、希望する利用者に対して行われます。費用は施設によって異なりますが、１か月1000円程度のところが多いようです。ただし、金銭は一切預からないという施設もあるので事前の確認が必要です。

❸ 理美容費・教養娯楽費

利用者の実費となります。理美容費のカットは1000～1500円程度です。理美容師が施設を定期的に訪れ、実施しているところが多くあります。

教養娯楽費はクラブ活動のお茶・生け花・書道などにかかる材料費等です。参加した利用者に必要となります。

利用料金② 加算

手厚いサービスに上乗せされる「加算」それに見合う内容か注意も

介護保険のサービスには、さまざまな加算が設定されています。「加算」とは、基本となる介護サービス以上のものを提供する場合に上乗せされる介護料金のこと。「指定基準」(P14)に示されている職員配置や内容以上のことを行い、より充実した介護サービスを提供する場合にプラスされます。

加算には、利用者全員を対象とするものもあれば、個人を対象にするものもあります。いずれの場合も、加算を取るには施設が一定の要件を満たしていることが必要になります。ただし、具体的なサービス提供だけでなく、職員の処遇改善や、資格・強化体制などに対して設けられる加算もあり、利用者にとって「加算の恩恵」が分かりにくい場合もあります。

なお、加算も介護サービスの一環として、費用の１～３割が利用者負担となります。１つの加算自体は１日数十円ですが、１か月の加算の合計金額が3000円以上になることも少なくありません。加算に見合うサービス提供や、介護の質の確保が行われているのか、利用者・家族はそうした点も注意してみていく必要があります。

知っておきたい加算の種類と内容施設選びの目安にも

主な加算について知っておくと、その有無で入居する人のニーズに対応できる施設かどうか、判断の目安にもなります。それだけに、主な加算の種類と内容を知っておくことは有益です。

❶ 看護体制加算（対象：全員）

手厚い看護職員の配置を行っている場合につく加算です。２種類あり、Ⅰは常勤看護職員が１人以上配置されている場合です。Ⅱは看護職員を常勤換算で利用者25人に１人配置するとともに、さらに１人配置し、24時間の連絡体制が整っている場合に加算されます。

❷ 夜勤職員配置加算（対象：全員）

夜間（17時～９時が一般的）職員を基準より多く配置している場合につきます。加算には３種類あり、Ⅰは従来型施設で、基準となる夜間職員数（25人に1人）に加えて１人以上配置している場合です。Ⅱは個室ユニット型施設で、基準となる夜間職員数は２ユニットに１人ですが、それに加えて1人以上配置している場合です。

また、2018年度より新たに、「見守り支援機器」の導入により効果的に介護ができる場合も加算が認められるようになりました。「見守り支援機器」とはセンサーや通信機能を備えたロボット技術を用いたシステムのことです。夜勤職員の最低基準＋0.9人分の人員を配置し、かつ利用者の動向を検知できる見守り支援機器を利用者数の15％以上に設置していることなどが、要件になっています。

❸ 個別機能訓練加算（対象：全員）

理学療法士などの機能訓練指導員を常勤・専従で１人以上配置し、機能訓練に力を入れて取り組んでいる場合につきます。全利用者の個別機能訓練計画を作成し、実施内容の記録や評価を行っていることも要件になります。

❹ 栄養マネジメント加算（対象：全員）

栄養摂取に配慮した食事提供や計画などを行い、常勤の管理栄養士を１人以上配置している場合につきます。各利用者の栄養状態を把握し、管理栄養士とその他の職種が協力して食事形態にも配慮した栄養ケア計画を作成することや、定期的な記録・評価・計画の見直しを実践していることも要件になります。

❺ 口腔衛生管理体制加算（対象：全員）

口腔ケアに力を入れた取り組みをしている場合につきます。歯科医等が介護職員に月１回以上、口腔ケアに関する技術指導や助言を行うとともに、口腔ケア計画が作成されていることが要件になります。

なお、歯科医の指示を受けた歯科衛生士が月４回以上、利用者に口腔ケアを行う場合は該当する個人を対象に「口腔衛生管理加算」がつきます。上記の体制加算を取っていることが前提条件となります。

❻ 療養食加算（対象：個人）

管理栄養理士か栄養士の管理のもと、腎臓病や糖尿病などの利用者に配慮した食事が提供された場合に算定されます。

❼ 認知症専門ケア加算（対象：個人）

認知症介護の専門研修を受けた職員を配置している場合に算定され２種類あります。

Ⅰは次の２要件を満たしている場合です。①認知症中レベル（日常生活自立度Ⅲ）以上の利用者が入居の利用者全体の半数以上を占める、②認知症中レベル以上の利用者が19人までの場合は１人、20人以上の場合は10人ごとに1人の割合で、認知症介護実践リーダー研修修了者を配置している。

Ⅱは I の要件を満たし、かつ認知症介護指導者研修修了者を１人以上配置している場合が対象となります。介護・看護職員に対する研修計画と実施も要件になります。

❽ 配置医師緊急対応加算（対象：個人）

複数の医師を配置し、施設の求めに応じて医師が早朝・夜間または深夜に施設を訪問して、利用者の診療を行った場合に加算されます。

❾ 看取り介護加算（対象：個人）

定められた体制を整えて看取りの支援を行った場合につく加算です。看取りに関する職員研修が実施されていること、および医師が看取り期であると診断し、本人または家族に看取りの同意を得て介護計画を作成することが必要です。従来型施設の場合、個室の確保も要件になります。

加算には２種類あり、Ⅰは常勤看護師が１人以上いて、夜間も連絡が取れる体制などが整っている場合です。Ⅱは、配置医師緊急対応加算（⑧参照）の算定に関わる体制などを整備している場合です。

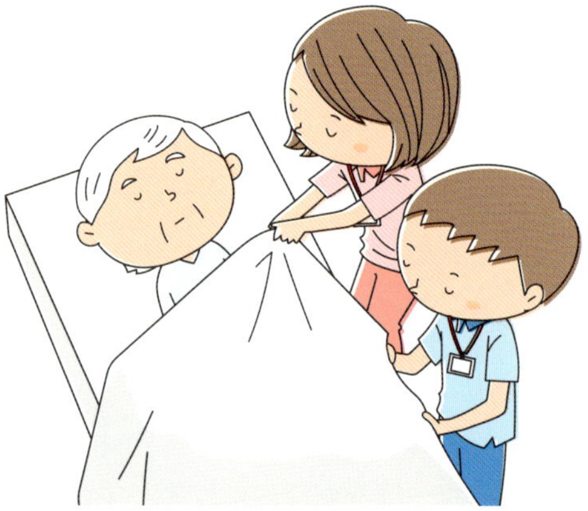

❿ 排泄支援加算（対象：個人）

排泄介護が必要で一定の要件を満たす利用者が対象です。身体機能の向上や環境の調整等によって、排泄介助が全介助から一部介助になったり、見守りになったりするなど「軽減できる」と医師などが判断し、利用者もそうした調整を希望する場合、一定期間につく加算です。

⓫ 褥瘡マネジメント加算（対象：全員）

褥瘡発生を予防するため、発生との関連が強い項目について定期的にアセスメントやマネジメントを実施した場合につく加算です。

⓬ 初期加算（対象：個人）

施設での生活に慣れるためにさまざまな支援を必要とすることから、入居日から30日に限って算定される加算です。30日を超える入院後、退院し施設に戻った場合も算定されます。

⑬ 日常生活継続支援加算（対象：全員）

要介護４～５の重度の利用者を積極的に受け入れている施設に対する加算です。

介護福祉士の有資格者の割合が常勤換算で利用者6人に対して1人以上いることが前提要件になります。加えて、①要介護4～5の利用者の割合が70％以上、②認知症の人の割合が65％以上、③痰の吸引等が必要な人の割合が15％以上、のいずれかに該当することが要件となっています。

⑭ サービス提供体制強化加算（対象：全員）

介護職員の専門性などキャリアに着目し、サービスの質が一定以上に保たれた施設を評価する加算です。下記のいずれかに該当する場合に加算されます。①介護職員のうち介護福祉士の有資格者を50％以上配置、②介護・看護職員のうち常勤職員を75％以上配置、③介護職員のうち勤続３年以上の職員が30％以上を占める。なお、日常生活継続支援加算を取っている施設は、この加算を取ることができません。

⑮ 介護職員処遇改善加算（対象：全員）

介護職員の定着を図るため、賃金の改善やキャリア形成を図るしくみの整備などを目的とした加算です。研修等の計画的な実施などが要件になります。

COLUMN

身体拘束を続けていると減算に

「加算」とは反対に、「指定基準」にそぐわないサービス提供をしていると「減算」されます。例えば「身体拘束廃止未実施」の場合などが「減算」に該当します。

身体拘束とは、利用者が自分の意志では自由に動けないように縛ったりして行動を制限すること。指定基準では原則禁止されています（P71）。厚労省では身体拘束廃止を徹底させるため、未実施の施設には2018年度からそれまでの減算額をさらに強化し、「1日あたり介護報酬の10％」と厳しい減算を定めるようになりました。また、身体拘束の防止を適切に実施するため、「拘束防止検討委員会を定期的に開催する」「職員研修を定期的に開催する」といった対応も、各施設に義務付けられるようになりました。

利用者の素敵な言葉　①

特養でオンブズマン活動をしていると、利用者との何気ない会話の中から珠玉の言葉に出会うことがあります。長い人生経験を積んできた人ならではの含蓄ある言葉や、介護を受けながら施設で暮らす中でも“自分らしく”生きようとする力を感じることが少なくありません。そんな言葉のいくつかを披露します。

「なんでも好きです。
ここは年寄りだけですので、つまらないけれど、
職員の若い男の子とお話しするのは楽しい。」　(Tさん　85歳・女性)

オンブズマンが「ここで何か楽しめることありますか？」と尋ねたとき返ってきた言葉です。

趣味や楽しみごとなど、今までやってきたことを施設で続けるのは難しくなることも多いものですが、Tさんはそんな過去にとらわれず、職員が計画するレクリエーションに楽しんで参加しています。「なんでも好き」――これは新しい環境へのチャレンジを表しています。

「若い人とは話が通じない」という人が多いなかで、孫のような若い男性との会話を楽しめる人は幸せです。イケメン探しも心躍るひとときになるかもしれません。

「ここはええとこや。ご飯は美味しいし、お風呂にも入れてもろて。
それは日本の国がええからや。」　(Sさん　101歳・女性)

フロアにあるテレビを見るともなしに見ている人も多いなか、Sさんは新聞の番組欄に目を通し、番組を選んで見る人です。テーブルの上に積まれた洗濯済みのエプロンを職員と一緒にたたみながら、声をかけたオンブズマンと言葉を交わしました。

「ここはええとこ」は傍にいる職員さんへのエールかもしれません。でも、ご自身が暮らす特養や介護保険制度を、国の施策として評価する見識に敬服です。

このような言葉が聞けるのは珍しいことです。お世話になっている遠慮や気遣いではなく、おおらかな現状肯定の明るさがあります。

第2章

特養の生活と介護

「特養」とひとくちに言っても、生活の中身は施設によって異なる面が多々あります。
この章では、介護オンブズマンの活動から見えてきた特養の生活について、食事・入浴・排泄など 11 項目に焦点を当て、施設の取り組みの“差”を伝えるとともに、あるべき姿を探ります。

1 特養の生活と1日の流れ

共同生活がベース
日中はクラブ活動など催しも

特養では個室ユニット型であれ従来型であれ、共同生活が基本となっているため、1日の流れもほぼ決まっています。

そうした点で、自宅で暮らすのに比べ自由度は少ないと言えます。

起床から就寝までの一般的な1日の流れは下表のとおりです。ただし食事は開始から2時間以内であれば自由に食べられる施設もあります。

職員は利用者3人に対して看護・介護職員1人が「指定基準」に定められている割合ですが、365日・24時間対応なので、実際には1人の職員が5人以上の利用者を介助しています。従来型では日中は10人を1人で、夜間は20〜30人を1人で見守っているところも多くあります。

朝の起床は6時〜8時頃です。自分で歩ける人もいますが、たいていは車椅子や歩行器を使って8時前には朝食をとるためリビングに集まります。

朝食後は部屋に戻ったりリビングでテレビを見たりしてくつろぎます。この時間帯に看護職員による医療処置が行われることもあります。

昼食は正午頃です。献立表がフロアの壁やボードに掲示されたり、テーブルに表示されたりしています。座席はたいてい決めているようです。「誤嚥の危険性がある人は見守りや対応しやすいテーブルに」「利用者の仲の良い悪いも考えて」など、さまざまな点を考慮して席を決めているところが多くみられます。

入浴は午前・午後の職員数の多い時間帯に行われます。入浴は週2回が基準となっ

表）一般的な特養の1日

6時〜8時	8時〜10時	10時〜12時	12時〜14時	14時〜18時	18時〜21時	21時〜
起床・整容	朝食 くつろぎ	入浴 レクリエーション クラブ活動等	昼食 くつろぎ	入浴　くつろぎ クラブ活動 おやつ 散歩・買い物等 外出することも	夕食 くつろぎ	就寝

ています。入浴時には人手がいるので入浴専門の非常勤職員を雇って臨んでいる施設もあります。

午後の時間帯は、レクリエーションやラジオ体操、生け花・書道・歌などのクラブ活動がよく行われます。内科医や歯科医の診察・治療もこの時間帯にみられます。

また、15時にはおやつの時間があり、利用者の楽しみの一つになっています。

夕食は18時頃。夕食後、部屋でくつろいだり就寝の準備をしたりして21時には消灯し就寝します。

トイレへの誘導・排泄介助は１日に５～６回。夜間も職員が居室を回って、排泄介助にあたるほか、体調の変化や転倒などの事故はないか、見守りを続けます。

クラブ活動で書道を楽しむ人々

お好み焼き屋さんが施設へ。自慢の味をふるまう

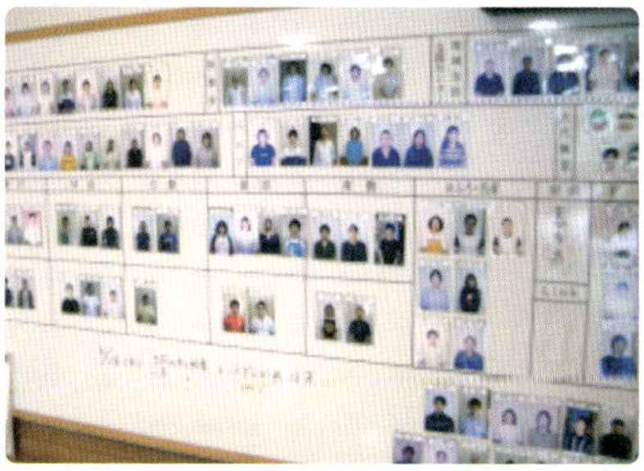
フロアに掲示された職員一覧表。交代勤務で 365 日に 24 時間、介護を担う

配膳を担う利用者。
役割を持つことが生活の張りに

施設で暮らす高齢者の生活を見つめ、支える、介護オンブズマン活動

特養などの施設サービスでは、居宅サービスと違って「合わないから」と言って簡単に施設をかわることは難しいものです。共同生活のため要望があっても言い出しにくかったり、認知症や重度の要介護状態のため意思を伝えられなかったりすることもあります。家族も言いたいことを遠慮している場合が少なくありません。また、ほとんどの日常生活が施設内で完結するため、閉鎖的になりがちです。

そうしたなか、「自分らしさ」を失わないで暮らすには、第三者によるサポートも必要ではないかと考え活動しているのが、介護保険市民オンブズマン機構大阪のオンブズマンです。現在、50人に上るオンブズマンが大阪を中心に、40か所以上の特養などで活動を展開しています。

オンブズマンは「告発型」ではなく「橋渡し役」を基本に、入居の利用者・施設と信頼関係を育み、対話をもとに異なる価値観をすり合わせ、利用者にとっても、施設にとっても、プラスとなるような対応を考えながら活動しています。

オンブズマンは1年間、パートナーと2人で、担当する施設を定期的に訪問します。訪問は月1～2回、1回2時間の活動です。利用者の話し相手になりながら、思い・要望・苦情などを聴き取ります。

着眼点は、①利用者がその人らしく暮らせているか、②自立支援について工夫と配慮が行われているか、③安心・安全が図られているか――。「ゆっくり食べさせてほしい」といった利用者の要望や、「車椅子を押すスピードが速すぎる」といったオンブズマンが介護現場を観察して気づいた事柄を施設に伝え、生活や介護の質の向上に貢献しています。

オンブズマン活動をしていると、介護現場を見ることができるので、施設のハード・ソフト面について「見る目」を養うことができます。自分の老いや介護が必要になったときのことについて考える機会にもなります。一方、施設にとっても、オンブズマンとの話し合いを通して新たな気づきが得られたり、検討や改善を行うきっかけになったりする場合が少なくありません。

施設で暮らす高齢者の心豊かな生活を市民も一緒になって支えることは、自分自身が「将来利用したい」と思える施設を増やすことにもつながります。

居室で利用者の聴き取りを行うオンブズマン

2 食事

食事は「満足度」の大きな要素
選択食や代替食の提供も

日々の暮らしの大半を施設内で過ごすことが多い利用者にとって、食事は数少ない楽しみの一つ。１日のメリハリをつけるうえでも貴重な時間です。

施設も食事に力を入れているところが多く、利用者の健康を考えて栄養バランスの整った献立を提供しています。また、旬の食材を取り入れて季節感を出したり、敬老会や誕生会などのハレの場を演出したりする手立てとしても、食事を効果的に活用しています。

利用者に嗜好調査を行い、味つけや量、献立の希望などを栄養士が聴き取って、日々の食事に反映させています。家庭的な雰囲気を味わってもらおうと、冬に鍋料理を提供したり、「刺身が食べたい」「にぎりずしがほしい」といった要望に外食や出前、すし屋の出張サービスなどを利用して対応している施設もみられます。

調理は、調理員を採用して施設直営で行っているところもあれば、調理会社に委託しているところもあります。最近はクックチル（調理加熱後、急速冷却することにより、食中毒の危険性を減らし、一定期間保存できる調理法）を採用している施設もみられます。

選択食を導入している施設も少なくありません。選択食のある施設では、朝は主食（ごはんか粥、またはパン）、昼は主菜（肉料理か魚料理など）を２～３種類から選択できるところが多いようです。施設で暮らしていると、自分の意思でものを選んだり決めたりする機会は非常に少なくなってしまいます。そうした点で、選択できるメニューがあるということは、利用者に数少ない「自己決定」の機会を提供している、とも言えます。

選択食の有無に関わらず、施設では苦手だったりアレルギーが出たりして食べられない食材がある場合、他の献立を提供する代替食に対応しているところもあります。また、食器も身体の具合を考慮し、器を楽に持つことができる人は陶器に、片手しか使えない人には少し傾斜のある器を、と工夫しているところもみられます。

おやつも利用者にとって楽しい時間です。おやつの有無は施設に任されていて、「各自で購入、または家族が持参」としているところもありますが、たいていの施設では茶菓を出しています。

ときには利用者も参加してホットケーキなどを作ったり、施設の庭で収穫したサツマイモで焼き芋パーティーを開いたり…といった楽しい機会をもっているところもみられます。

食事についてのきめ細かな配慮と対応は、施設の暮らしに対する満足感とも密接につながっていると言えます。

決め手は、食べやすさとおいしさの追求

施設の職員にとって、食事は誤嚥（ごえん）（のど詰め）に注意しなければならない時間帯でもあります。

誤嚥とは、食べ物が食道に入らず気管に入ってしまうこと。健康な人なら食べ物を飲み込むとき、肺にむかう気管のふたが閉まって肺に食べ物が入らないように調節機能がスムーズに働きます。しかし、老化や脳卒中の後遺症などにより、のどの反射機能が弱まると誤嚥することが多くなります。肺に異物が入ったままになると誤嚥性肺炎や呼吸困難などを起こしやすくなるので注意が必要です。

施設では、利用者の健康状態に合わせ、噛んだり飲み込んだりする力の弱い人には、きざみ食やミキサー食を提供しています（P42表）。

しかし、これらの食事形態はかえって誤嚥を招きやすいとも言われています。いろんな食材が混ざり合って見た目も悪いため、利用者から「どろどろ食はイヤ。何を食べているのか分からないので食べる気がしない」「たまには形のあるものを食べた

変化した食事風景

介護保険が始まる前の措置時代には、大食堂などで利用者が一斉に食事をとる光景が多くみられました。しかし、ユニットケアなど少人数でのケアの普及により、現在では食事もフロア、グループ、ユニットなどで行われるのが一般的になっています。それに伴い、居室から食事スペースまでの移動距離が短くなり、食事前の待ち時間も短縮されました。

食堂前の廊下にずらりと利用者が並んでいたり、1時間も前からエプロンをつけてテーブルの前に座っていたり…といった光景は、多くの施設で過去のものとなっています。

また、ユニットケアを行っている施設では、各ユニットに炊飯器やコンロ、電子レンジが設置されているところが多くあります。炊飯器から炊き立てのご飯をよそい、温かい味噌汁を注ぐといった家庭的な食事風景を目にすることも少なくありません。

食事は毎日の楽しみの一つ。いつもの顔ぶれで食卓を囲む

い」といった苦情や要望が出てくるときもあります。

そうしたなか、通常の食事のように食材の形や色を活かしつつ、柔らかく食べやすく調理された「ソフト食」と呼ばれる食事形態が最近注目されています。「見た目がおいしそうで食欲がわく」という声もあるため、噛む力・飲み込む力など利用者の健康状態を見極めながら、ソフト食を提供する施設も増えつつあります。また、ソフト食は導入していないものの、柔らかく煮た根菜類などはつぶさずに提供して味わってもらうなど、利用者の気持ちや健康状態を考慮しながら臨機応変に対応しているところもあります。

食費の基準費用額は1日1380円（P29表4）。利用者にとって「食べることが楽しい時間」であるために、食べやすさやおいしさへの配慮と工夫が今後も求められます。

誤嚥防止には、調理以外の配慮も必要

誤嚥や誤嚥性肺炎を防ぐため、食事の際は調理以外の面でもきめ細やかな配慮と対応が望まれます。

表）施設で提供される食事形態のいろいろ

①ミキサー食	飲み込むことが困難な人向けに、ミキサーなどにかけて液体に近い状態にした食事。誤嚥を防ぐため、片栗粉、コーンスターチなどで粘りを出します。	
②きざみ食	噛む力が弱くなった人向けに、食べ物を小さくきざんだ状態にした食事。しかし、きざんだだけでは口の中で食べ物がまとまりにくいため、飲み込むときむせる危険性があります。	
③ソフト食	通常の食事と変わらない見た目と味が特徴の食事です。食材は舌で簡単に押しつぶせるように柔らかくしてあります。口の中で食べ物がまとまり、飲み込みやすいように安全面でも工夫されています。卵や玉ねぎなどの食材を「つなぎ」としたもの、ゲル化剤や凝固剤で固めたもの、酵素を使って食材を柔らかくしたものなどがあります。	

❶ 口腔体操

口やのどの体操で、食事前に行うのが最も効果的です。口やほほを動かしたり軽い刺激を与えたりすることで、唾液がよく出るようになり、飲み込みやすくなります。

❷ 食事時の姿勢

食事に適した姿勢とは、かかとが床につき、上体はあごを引いて少し前かがみになることができる状態をさします。しかし、車椅子に座ったまま食事をしている利用者の場合、テーブルの高さに対して車椅子の座面が低すぎることがしばしばあります。そのため食べようとすると、あごが上がって飲み込みにくくなります。また、車椅子のアームサポート（P63）がテーブルの縁にあたって身体がテーブルから離れるため、食べ物を口に運びにくくなることもあります。

適切な姿勢で食事をとるには「車椅子から椅子に移る」「テーブルを低めにする」「床に足裏がつかなければ足台を用意する」「椅子と背中の間にクッションをはさんで少し前かがみの姿勢をつくる」といった工夫が必要です。

とくに、車椅子から椅子へ座り直しての食事は大切です。一般に車椅子の座面は前方が高く、後方が低くなっていて軽く傾斜しています。そのため食べるときに必要な“少し前かがみの姿勢”が取りにくくなっています。椅子なら“少し前かがみの姿勢”も取りやすく、誤嚥や食べこぼしの防止にも有効です。また、車椅子から椅子への座り替え時に立ち上がりの動作を行うことは軽い運動にもなります。継続することで足腰の筋力維持や血液循環にも役立ちます。

❸ 食後の口腔ケア

口の中に食べかすが残ったままになっていると、歯周病や誤嚥性肺炎を引き起こしたりする要因となります。歯磨きやうがいをすることは、食べ物の残りかすを取り除き、口の中の菌を除去するうえで大切です。入れ歯の洗浄も欠かせません。

食事介助のココを見てみよう！

①職員の声かけや話しかけがあるか

対話はできなくても、利用者には献立や味付けなどについて、話しかけを行いたいものです。介助している職員同士の私的会話は感心できません。

②食べ物を口に入れる速さや量は適切か

食事介助を急ぐあまり、職員のペースになっていないでしょうか。のど詰めやむせの原因にもなりかねません。

③職員が利用者の横に座り、１対１で食事介助を行っているか

立ったまま介助すると、利用者の顔も上向きになりやすく誤嚥する危険性があります。また、同時に複数の利用者の食事介助をしていると、他の利用者に注意を向けたり会話を中断したり…で、ゆっくりと食事を楽しんでもらえる雰囲気にならないこともあります。

3 入浴

「週2回」「日中の入浴」が特養では一般的

利用者にとって入浴は、身体の清潔を保ち、血行を促進して心身の疲れを癒すだけでなく、日々の生活にメリハリをつける大切な役割を果たしています。

「今日は火曜日だからお風呂の日」と、朝から準備を整え、楽しみにしている利用者もみられます。また、それだけに「もっとゆっくり湯船につかりたい」という要望も少なくありません。

特養では１人当たりの入浴回数を「週２回」としているところが一般的です。随分少ないように感じますが、「指定基準」では「週２回以上の入浴または清拭(せいしき：身体を拭いて清潔にすること)」とされています。

冷暖房が完備されているせいか、利用者からあまり「回数を増やしてほしい」という声は出ませんが、要望があればシャワーや清拭の代替策で対応しているところもあります。また、入浴のみに従事する職員を雇用して週３回入浴を実施しているところもみられます。

入浴の時間帯は、午前または午後が一般的です。職員数の多い時間帯に入浴を設定。夕食後の夜間帯は職員も限られているため、対応しているところは非常に少ないと言えます。従来型施設では１日４時間ほどを入浴の時間にあてていますが、１人当たりの入浴時間は約10分。ユニット型施設で20分ほど。「ゆっくり、ゆったり」はなかなか難しい様子です。

利用者、とくに女性の場合、女性職員の介助を望む声もあります（同性介助)。男性職員も多い介護の現場では、職員配置やシフト勤務の都合上、そうした声にも応えにくい状況です。しかし、少なくとも利用者や家族から要望があった場合、その人には入浴日や時間帯などを工夫して声に応えることが望まれます。そうした対応いかんで「利用者本位のケア」に対する施設の姿勢がみえてくるものです。

このように、特養の入浴はいろいろと制約もありますが、楽しめる工夫を行っているところもみられます。ゆず湯、菖蒲湯、檜チップの風呂など、季節感や香りに包まれながらの入浴は、利用者の顔もほころび、職員との会話も広がるひとときです。

身体状況に合わせた３つのタイプ

特養の入浴には、大きく分けて３つのタイプがあります。

❶ 機械浴（特殊浴、略して特浴）

機械浴には座位浴と寝位浴があり、歩いたり座ったりするのが難しい人に使用されます。

座位浴には、専用のシャワーチェアで浴槽内まで入り、腰掛けた姿勢のまま入浴するタイプのもの（チェア浴）と、リフトのように移動する椅子に腰かけたまま浴槽に入るタイプのもの（リフト浴）があります。

寝位浴とは、ストレッチャーの上に仰向けになった状態で浴槽に入るタイプのもの。ストレッチャー浴とも呼ばれ、ストレッチャーが昇降するようになっています。

❷ 一般浴

歩行できる人向けのお風呂。銭湯のような大きな浴槽で、複数の利用者が入ります。

❸ 個浴

家庭にあるような１人用のお風呂。最近、さまざまな特徴を持った個人浴槽が開発さ

❶ 機械浴

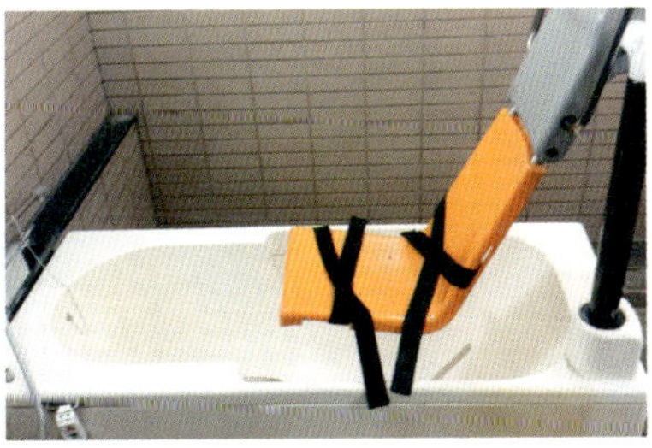

リフト浴

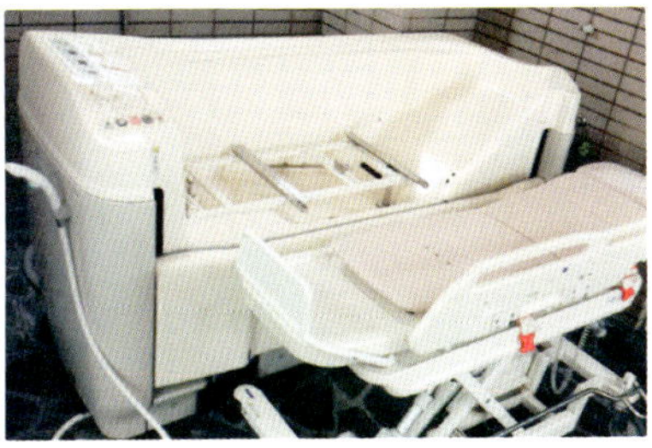

ストレッチャー浴

❷ 一般浴

❸ 個浴

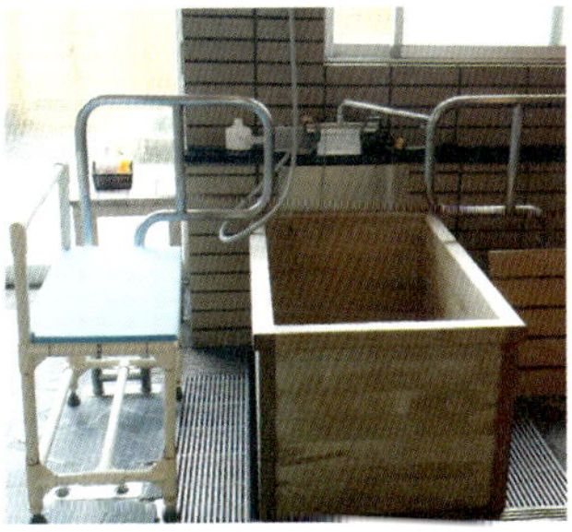

１人用のお風呂

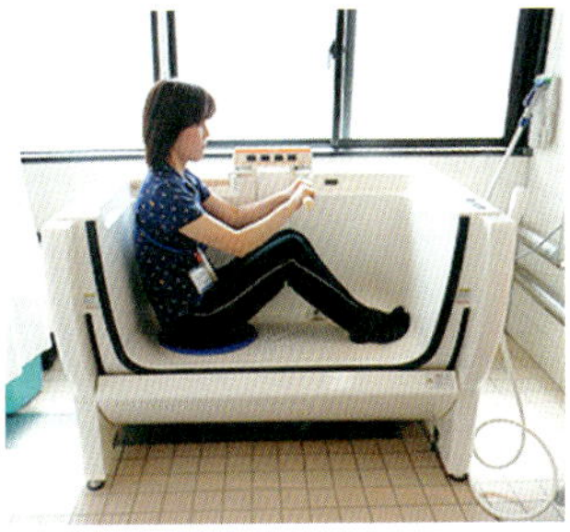

※浴槽壁が開閉するお風呂

れ、施設に導入されています。

浴槽が小さいので、大浴槽に入るより安定性が増し、座ることができる人なら補助具を利用して入浴可能なものもあります。また、浴槽壁が開閉し車椅子の人でも簡単に浴槽に移動できるもの(P45右下写真)や、介護用リフト収納ボックスがついていて重度の要介護者にも対応できるものもあります。

個浴で家庭に近い入浴めざす

以前は入浴というと、誘導・着脱・洗身に介助を分担し、流れ作業的に行うところが少なくありませんでした。浴室前の廊下に、順番を待つ利用者がずらりと並んでいる、裸体にバスタオルをかけるだけで車椅子やストレッチャーで浴室へ誘導する…。そうしたことが当たり前のように行われている施設もありました。

「プライバシーへの配慮がない」「ゆっくりと入浴できない」「時間に追われ、事故が起こりやすい」など、弊害も指摘されていました。

こうしたなか、着脱から入浴まで１人の職員が１人の利用者に付いて介助し、１人用の浴槽に入浴する「マンツーマン入浴」が増えてくるようになりました。マンツーマン入浴が増え出した背景には、ユニットケアの影響が大きいと言えます。

ユニットケアを実施している施設では、ユニットごとに個浴を設置しているところが多くあります。プライバシーが尊重されるうえ、「ゆっくり入りたい」「入浴剤を入れたい」など個々のニーズに対応できるので、利用者の満足感も高まります。また、職員と対話できる貴重なひとときにもなります。これらの利点が注目され、最近では従来型の施設においても浴室を一部改修し、個浴を導入するところもみられるようになってきました。

緊急時の対応など、個浴を進めるには職員にも力量が求められます。また、要介護度の高い利用者が増えるなかで、どこまで個浴で対応できるかという問題もあります。しかし、さまざまな個人浴槽の開発が進むなか、施設の入浴も今後、徐々に変わっていくのは確かなようです。

4 排泄

排泄臭や開けたままのトイレの扉…排泄介助から施設の質が分かる

排泄介助は、食事・入浴と並ぶ三大介護の一つです。すべての人が最期まで「自分で行いたい」と願うことでもあります。

それだけに介護のなかで最も尊厳への配慮が求められる事柄です。

施設を訪れると、排泄臭を感じることがあります。脱臭・換気設備が完備しているところも多くありますが、おむつ交換のためのワゴン車が定期的に居室を巡回しているところでは、どうしても臭気が広がり、排泄臭につながっているようです。最近は、ワゴン車ではなく、職員が小さな袋を携帯してさりげなく交換に回るなど、設備面だけでなく、おむつ交換のしかたについても工夫し、臭いが広がらないよう配慮している施設も増えています。

トイレにドアやカーテンがない施設や、設置されているものの開けたままの状態で排泄介助を行っている施設もいまだにあります。介護職員にすれば、そのほうが介助しやすく効率的に動けるのかもしれませんが、利用者の羞恥心への配慮が不足していると言えます。プライバシーを守ることが何よりも求められます。

「コールしてもなかなか介助に来てくれないので、お茶はなるべく飲まないようにしている」といった声を利用者から聞くこともあります。いずれにしても、排泄介助における対応の善し悪しは、その施設の介護の質と大きく関係していると言えます。

同性介助の要望も…望まれる「随時」のこまめな対応

施設では「腕を支えて歩行で、または歩行器を使ってトイレに誘導する」「車椅子でトイレへ導く」「ポータブルトイレを身近に置く」「リハビリパンツ（パンツ型紙おむつ）や尿取りパッドを使う」「おむつをする」など、利用者の状態や時間帯に合わせて排泄介助を行っています。

日中はパッドを使用し、夜間はおむつを使うパターンもみられます。しかし、筋力が衰えて立ち上ったり座位を保つことができなくなったり、失禁が激しくなったりすると便器での排泄は難しく、おむつを使うことが多くなります。

多くの施設では、１日に5～６回、定期的に排泄介助を行うほか、利用者から訴えのある時に随時に介助に対応しています。しかし、なかには定時介助以外は対応しなかったり、尿意や便意を訴えても「おむつをしているから大丈夫」「もうすぐ入浴だから、そのとき替える」と返答したりしているケースもみられます。そうした不適切な対応は、利用者の身体機能の低下、認知症の進行につながりかねません。

女性の利用者の中には同性介助を希望する声も聞かれます。職員が交替勤務のため、なかなか要望に応えるのは施設にとって難しいようですが、少なくともそうした意思表示があった場合は、介助する職員の担当やシフトを工夫して要望に応えてほしいものです。利用者の気持ちを汲んだ対応が求められます。

排泄パターンの把握、便秘改善など、工夫を重ねている施設も

よりよい排泄介助のために、施設自らが努力・工夫を行っているところも少なくありません。

一人ひとりの排泄パターンを把握し、早めに声掛けや誘導をすることによってトイレでの排泄介助を可能にしているところがあります。

また、利用者の身体状況を考慮しながら、おむつはずしに取り組んでいる施設では、職員が移動・移乗の介護技術をしっかりと習得することによって、こまめなトイレ介助につなげています。

便器に座れることを目標に、座位の安定や脚力の向上のため、リハビリに力を入れているところもあります。その他、ベッド

座位を保てるよう背もたれや前方ボードのついたトイレ

から車椅子、車椅子からトイレへといった一連の移動介助を楽にスムーズに行えるように、車椅子のアームサポートの取り外しが可能な機種を導入している施設もみられます。

尿量の測り方について話しあう介護職員たち

　こうしたさまざまな工夫や働きかけによってトイレで排泄できるようになった利用者の中には、表情が明るくなったり食欲や生活への意欲を取り戻したりする人も少なくありません。

　排便についても医師や看護職員と相談し、工夫を重ねている施設があります。

　利用者の中には腸の働きが弱まっているため頑固な便秘に苦しんでいる人も多く、下剤を常用している人が多々みられます。何日も便秘が続くと、膨満感や吐き気などが表われることもあります。体調不良を訴えることの難しい認知症の人の場合、便通が滞ることで不穏になるときもあります。そのため、便秘の人にはヨーグルトなどを食事に取り入れたり、腹部を温めて腸の動きをよくして便意を促したり、下剤を調整したりと、介護・看護職員や栄養士が連携し、よりよい対応に努めているところもあります。

　いずれにしても、トイレまでの移動やトイレでの転倒を心配して、家族が安易におむつの着用を求めたり、施設が「安全の確保」を理由におむつを勧めたりすることは、利用者の生活意欲の喪失や身体機能の低下を招くことにつながりかねません。個々の利用者の排泄状態をきちんと把握し、適切な工夫と支援を行うことで、利用者の生きる意欲を引き出すことが求められます。

楽しみ

行事やクラブ活動など、さまざまな楽しみも

日常生活の中で心身の活性化を目的として行われる活動をアクティビティと言います。そのうち、施設外で行われるものは「外出・外気浴」として次項で触れ、ここでは施設内で行われる取り組みを「楽しみ」として取り上げます。

利用者に「楽しみは何ですか」と尋ねると「食事です」とか「歌を唄うことです」とか具体的に言われることもありますが、「何もありません」とか「退屈です」という答えもあります。一方、自分から新聞や本を読んだり、毛糸編みや刺繍を楽しんだりしている人も見かけます。

クラブ活動：折り紙で作品作りに熱中

一般に、特養で行われる楽しみには次のようなものがあります。

❶ 行事

例えば敬老会・夏祭り・運動会などのように、計画的に全利用者を対象に、施設全体で計画的に取り組みます。

❷ クラブ活動

生け花・書道・手芸など同じ趣味の人が集まるサークル活動で、専門のボランティアが関わっていることも多くあります。

❸ レクリエーション

週または月に何回か開催される取り組みで、担当職員のリードのもと、参加した利用者がお話や軽い体操、ゲーム、カラオケなどを楽しみます。

❹ 手伝い

洗濯したタオルやエプロンを畳んだり配膳時におしぼりを配るなど、利用者が暮らしの中で一部の役割を担う取り組みです。

レクリエーション：職員のリードにより、歌を唱ったり、クイズに答えたりする皆さん

❺ 嗜好の尊重

入居前の生活を尊重し、飲酒・喫煙・喫茶の機会を提供しているところも少なくありません。飲酒は主に行事や外食時に、喫煙は他の利用者の迷惑にならないように場所や時間帯を決めて対応しています。

これら楽しみの提供は、施設によって異なります。介護に手一杯でレクリエーションまで手が廻らないところもありますが、「利用者の生きがいづくり」をテーマに、積極的に取り入れているところもあります。またボランティアコーディネーターを配置し、ボランティアを活用しているところもあります。その他、居酒屋や喫茶店を定期的に開催し、会話が弾む機会を提供しているところもみられます。

なお、利用者の誕生日を祝う催しも多くの施設で取り組まれています。その方法は当月の誕生者を利用者全員で祝ったり、個々の利用者の希望に応じて対応するなど、さまざまです。

重度の利用者に合わせ、関わり方や提供メニューに工夫を

最近の傾向として、重度の利用者が増え、職員が介護に要する時間が長くなっていることから、楽しみの機会提供が少なくなっている施設がみられます。また、クラブ活動をしても参加者が少なかったり楽しめて

いなかったり…といった状況もあります。

ボランティアの活用が望まれるところですが、利用者自身が主体的に参加することが難しくなっているなか、ボランティア自身も認知症や身体状況など特養利用者について一定の知識をもって対応することが、よりよい関わり方につながります。

例えば生け花の場合、剣山ではなくオアシス（スポンジ）に挿せるようにする。挿したり切ったりするのができない人には「どこに挿しましょうか」「どこで切りましょうか」と対話しながら活ける。ボランティアが全面的に活けてしまうのではなく、そうしたやり取りがあれば、利用者の主体性を活かすひとときにつながるはずです。

また、集団によるにぎやかな催しだけでなく、ハンドマッサージやネイル、足湯、傾聴、寄り添いなど、動きは少なくても重度の利用者がゆったりと楽しめる取り組みも必要でしょう。新たな知恵と工夫が求められています。

COLUMN

地域との交流・連携は防災面でも重要

特養では、運営の柱に「地域との交流・連携」の強化を掲げているところが多くみられます。

夏祭りや運動会など町内会が実施する行事に、手伝い・応援のために職員を派遣したり模擬店を出店したり、作品展に利用者の作品を出品したり…と、施設から地域の催しに積極的に参加しているところもあります。職員が利用者を伴って催しに参加するケースもときどきみられます。

一方、敬老会に招待したり、施設の夏祭りに手伝いを依頼したり、ボランティアグループに日常的に携わってもらうなど、地域の人々を施設に招いて関わりを積極的に図っている施設も少なくありません。地域交流スペースを開放して利用してもらったり、「介護教室」を開いて知識・情報を提供したりしているところもあります。

地域の人々との関わりを広げ、地域に開かれた施設となることは、施設の利用者にとっても職員・家族以外の人々と触れ合う機会になります。また、地域の人々にとっても特養を理解するきっかけになります。

施設が地域との関わりを深めることは、防災面でも望まれます。火災、暴風雨・震災などで避難が必要になった場合、職員だけでは手が回りません。日頃から地域の人々に協力を依頼しておくことは、緊急時の心強い備えとなります。

6 外出・外気浴

多人数での旅行は減り、少人数・個別対応が一般的

「外の空気が吸いたい」「たまには街へ出てみたい。施設内だけでは籠の鳥だ」――。ふとした会話の中から、利用者のこんな声が聞こえてくることがあります。

生活に直結する日常の介助に比べ、外出の優先順位はどうしても低くなりがちです。しかし、施設の中で一日中過ごしている利用者にとって、ときどき外出して新鮮な空気を吸い、心身のリラックス・気分転換をはかることは、重要なアクティビティの一つです。同時に、外出は季節を感じたり、社会とのつながりを実感したりする貴重な機会にもなります。また、利用者と職員が１対１でコミュニケーションを楽しむ至福の“ひととき”ともなります。

職員と初詣へ

特養の外出には、かつてはバスツアーのような多人数で出かけることが多くありました。しかし、介護保険開始以降は個別対応が重視されていることもあって、個人や少人数での外出が一般的となっています。

外出の具体例としては、主に次の４つに分けられます。

❶年間行事の一つとして行うもの（初詣、花見、紅葉狩りなど。いくつかのグループに分かれて実施されることもあるが、比較的多くの利用者が参加する）

❷利用者の希望を聞いて少人数のグループで行うもの（買物・外食・行楽など）

❸個人の希望に応えて行うもの（墓参り・旅行・帰郷・観劇、映画や音楽鑑賞、同窓会などへの参加）

❹施設周辺への散歩や、施設内の庭・ベランダでの外気浴

外出は、施設間の違いが「大」職員層の厚さが充実度に関連

利用者の外出・外気浴をどう具体化するかは施設によって異なります。

例えば、誕生月に利用者の希望を叶える「夢プロジェクト」として個別対応で外出の機会を提供している施設があります。また、行楽地をリストアップして利用者に行きたいところを選んでもらい、行き先ごとに順次、グループで外出している施設もあります。遠方への外出はないけれど、庭やベランダでの外気浴を楽しんでいるところもみられます。

一方、外出は家族にしてもらうことを原則にしている施設や、「人手がない」「日常業務をこなすのに精いっぱいで職員に余裕がない」という理由で、ほとんど実施していない施設もあります。

「入所者の外出の機会を確保するよう努めなければならない」(「指定基準」(P14)第16条4項)と謳われているものの、施設によって取り組みが大きく異なるのは、施設の方針はもちろん、職員体制の充実度とも無関係ではありません。全般に職員の層

外食で好物のにぎり寿司を味わう

が厚いところでは外出にも比較的よく取り組まれています。ともあれ、施設間の差が大きいことが「外出」の現状であり、今後の課題です。

広がり待たれる外気浴・散歩

重度の利用者が増えるなか、最近の特養では「○○へ行きたい」といった具体的な要望は少なくなっています。そうしたこともあって、遠方への外出よりも、外気浴や近隣への散歩に目を向ける施設が増え出しています。

外気浴や散歩は、費用も時間もあまりかからない手軽な取り組みです。ケアプランに組み込んで日常化すれば、利用者にとって生活リズムを整え、心身の健康保持につながりますし、昼夜逆転の防止にも役立ちます。また、介助する職員にとっても、気分転換をはかる機会になります。施設内では見られない利用者の生き生きとした表情に出会うこともあり、利用者を「よりよく知る」ことにもつながります。こうした観点からも、外気浴や散歩が今後積極的に実施されることが期待されます。

COLUMN

☑ 外出時の費用負担は施設によってさまざま

交通費や入場料・食事代など外出にかかる費用の利用者負担は、施設によってさまざまです。

交通費については、行き先が施設から比較的近く、施設のワゴン車で対応できる場合、無料のところが少なくありません。高速道路を利用する場合は、その料金を参加人数で頭割りというケースもあります。個別対応で遠方へ外出する場合は、利用者が負担するケースが一般的です。所要時間や移動距離数によって明確に料金を定めているところもあります。

入場料・食事代などについては利用者負担が大半です。また、一泊旅行の場合は旅行代金として一括徴収するケースが一般的です。

多少費用がかかっても、日ごろから顔見知りの施設職員が同行してくれる外出は、利用者にとって安心できるとともに、「非日常」を味わう貴重なひとときです。

7

医療・治療

望まれる「医療＋介護」の視点

特養の利用者は、慢性疾患と呼ばれる高血圧・糖尿病・脳卒中・心臓病・リウマチ・便秘などの病気を複数抱えながら暮らしています。慢性疾患は生活習慣病とも呼ばれ、一時的に軽くなったり悪くなったりを繰り返していくので、長期にわたる病気との付き合いが必要になります。

施設には診療所を併設しているところもありますが、医師はたいていが嘱託医であり、常時施設にいるわけではありません。そのため看護職員が医師と連絡を取りながら利用者の健康管理にあたっています。定期健診や医療機関の受診にも比較的こまめに対応されています。

利用者が医療機関を受診する場合、基本的には協力病院へ職員（生活相談員や看護職員）が付き添うことになります。入居前から利用している受診先を希望する場合は家族が付き添うことが多いです。

利用者に多い歯の不具合に関しては、歯科医や歯科衛生士が施設を訪問し、入れ歯のかみ合わせや調整等に対応することで、口腔ケアを進めています。

一方で、痛み・かゆみ・しびれなど慢性化した症状に対する介護面でのサポートはあまり強いと言えません。

利用者の抱える不調は慢性的なものが多いため回復の難しいものもあります。とはいえ、利用者の痛みや不安に寄り添い、理解といたわりを示すことが、軽減や癒しの効果を上げることもあるでしょう。服薬・注射・湿布等の医療対応だけに頼らず、「日々の介護の中でできることはないか」を考えての対応が望まれます。

例えばかゆみに対しては室内環境や衣服に配慮する。腰の痛みについては、どんな時に痛んだり困ったりするのかを把握する。こうしたことによって、日常生活でのサポートにつなげていけることがあるかもしれません。

介護には多くの職種が関わっています。そのため職種ごとに分散している情報を交換し、介護チームとしてそれぞれの専門性を発揮しながら情報を共有し連携していくことが大事です。多くの情報を共有し生活支援していくことで、今まで気づかなかった工夫や対応も生まれ、ひいては利用者の生活の質の向上につながります。

看取り介護に臨む施設も

特養で看取りをしてほしいと願う利用者・家族の要望もあり、「終の棲家」として看取り介護に応じる施設も最近は増えています。

実施している施設では、入居時に看取り期に入ったときの対応について利用者・家族の意向を確認します。病院・施設のどちらでも選択可能なことを説明し、文書で同意を得るようにしています。そして、施設での看取りを望んだ場合、看取りの場を提供し、家族や親族が関わりながら安らかな死を迎えられるように援助しています。

多くの施設では看護職員が夜間不在のため、携帯電話により連絡できる体制をとっています。例えば、対応や状況の見極めなどについて介護職員の相談に応じたり、必要な場合は駆けつけるなどして看取りを支えています。

状態変化を察知する目が介護職員には欠かせない

特養は感染症に対する抵抗力の弱い高齢者が集団で生活しているところでもあります。ひとたび感染症が発生すると、瞬く間に広がり利用者の生命を脅かすこともあるだけに、感染管理は重要です。

感染症の発生を防ぐため、職員は日頃より手洗いに努め、施設の感染防止マニュアルに沿って対応しています。そして、利用者・家族に対しても手洗い・手指の消毒を

利用者の血圧を測る看護職員。変化はないか、さりげなく確認する

促しています。

感染症がやむなく発生した場合は素早い対応で拡大を防ぐことが望まれます。利用者を個室や静養室で見守るとともに、場合によっては家族など外部からの訪問者を一時的に制限するなどして蔓延を最小限に止めるようにしています。

いずれにしても、介護職員も研修や講習を通し、介護が必要な高齢者の特性や症状・変化の見極めに関する医療知識を得ることが求められます。利用者の生活の最も近くにいる者として、一定の医療知識を備え、利用者の健康状態の変化を察知する「目」をもつことが欠かせません。

☑ COLUMN

☑ 亡くなった利用者を悼む「場」も提供

特養で年間亡くなる人々は利用者の２割前後と言われています。数日前まで居室に名札がかかっていたのに、何事もなかったように別の人の名札がかけられている…。そうした風景も多いものです。

「葬儀は基本的に身元引受人に委ねる」としているところもありますが、利用者の死を他の利用者にも知らせ、可能であれば居室に伺ってお別れをしてもらったり、生前の本人の希望に沿って施設で通夜・葬儀を行い、故人と付き合いのあった利用者がお悔みに参列したり…と、施設で弔ったり、お別れの機会を提供したりしているところも少なくありません。慰霊祭を行ったり、食堂の一角に物故者コーナーを設けたりして、施設で亡くなった人々を悼んでいるところもあります。

利用者にとって「死」は身近にあるだけに、施設で共に過ごしてきた人々の訃報は辛いかもしれませんが、「自分が亡くなったときも大切に供養してもらえる」「死後も線香を手向けたりして皆が偲んでくれる」ということが分かると、気持ちが安らぐのではないでしょうか。

「終の棲家」である特養は、利用者にとって、あの世への安らかな旅立ちに向けての重要な場でもあるのです。

8 リハビリ

特養で主流の「生活リハビリ」日々の意識づけが大切だが…

特養の利用者と話をしていると、「身体が不自由になって情けない。リハビリをして歩けるようになりたい」「これ以上、身体が悪くならないように、リハビリをしたい」という声を聞くことがよくあります。

特養で主に行われているリハビリは、病院などで私たちが目にするような、治療や訓練を通して“身体機能の回復を図る”医療リハビリではありません。日常の生活動作全般をリハビリととらえ、身体機能の“維持”を目的に、できることは自分ですることで、普段の生活を長く続けられるようにすることに主眼が置かれています。こうした考え方に基づく支援は「生活リハビリ」と呼ばれ、今日でも主流となっています。

「生活リハビリ」の主なものは、食事・更衣・整容・トイレ・入浴・移動などの生活動作や、風船バレー・ボウリング・歌といった集団のレクリエーションなど。とはいえ、サポートにあたる介護職員自身がそれらを「生活リハビリ」と意識していなかったり、利用者への意識づけ・働きかけを行ったりしていない場合も少なくありません。ゆっくりなら歩けるのに車椅子に乗せるなど、安全性や効率性を優先し、機能維持が図られていないことも多々あります。

「食事のとき、車椅子から椅子へ移動することが足腰の筋力を保つ機会になる」「衣服のボタンのかけ外しが手指の運動にもなる」など、日常的に生活動作を継続させることの意義や効果を個々の職員がしっかりと理解したうえで、利用者に関わってほし

昼食前の口腔体操で、唾液腺を刺激するマッサージを行う

いものです。

一方、利用者や家族も「特養は“生活の場”であり、病院のような治療的なリハビリを行うところではない」ということを知っておくことが必要でしょう。

施設間で取り組みの差が大きい最近の状況

特養では「指定基準」(P14)に基づき、「機能訓練指導員を1名以上配置」(P25)することとなっています。ただし「他の職務と兼務でもよい」とされているため、以前は看護職員が医療業務の傍ら、機能訓練指導員を務めているところが大半でした。現在も、理学療法士・作業療法士・柔道整復師などのリハビリ専門職がいない施設は少なくありません。

しかし最近では、リハビリ専門職を常勤または非常勤で採用し、リハビリを行っている施設も増えています。

また、こうした専門職のアドバイスを得ながら、日々の生活の中では介護職員が中心となり、食事前に口腔体操（口やのどの周りの筋肉や舌を動かすことによって唾液の分泌や飲み込みを円滑にするための体操）を行うことで誤嚥防止に取り組んだり、午前中や午後のひとときを利用して手足を動かす軽い体操や手指の運動を日課に取り入れたりして、機能維持に努めている施設もあります。

平行棒での歩行訓練やボールゲームなど、楽しみながら身体を動かす

機能回復は難しいとしても、リハビリに励むことが利用者にとって日々の目標となり、「生きる張り」につながることは多いものです。利用者の重度化を防ぐことは、介護負担の軽減にも役立ちます。

例えば、立つことができれば排泄介助も容易になるでしょうし、嚥下機能を維持できれば食事介助時の誤嚥防止にもつながります。介護職員が理学療法士等との連携を深めることによって、身体機能についての知識が増し、介護力が向上することも期待できます。こうした点がリハビリ専門職の導入につながっているのです。

その他、個別機能訓練加算（P31）を取って、利用者全員に機能訓練やマッサージを行っている施設も増え始めています。そうした施設では、個々の利用者に週２回ほどの頻度で専門職がリハビリを行い、身体状態やニーズを考慮して、立位の練習、拘縮を緩和するマッサージなど、個別のメニューを実施して身体機能の維持に努めています。

このように「特養」とひとくちに言っても、リハビリに対する取り組みは施設間でかなり差があるのが、最近の状況です。利用者・家族もその点を知っておき、「リハビリをしたい」との思いがあるなら、要望に対応できる施設を選ぶことが大切。入居の際に、個別機能訓練加算の有無や、機能訓練指導員の職種、リハビリの内容などについても確認することが必要でしょう。

ラジオ体操で身体を動かす

車椅子

「生活の必需品」だが、関心はあまり高くない…

特養で生活している利用者のなかには、日常的に車椅子を使用している人が多く見られます。自分で車椅子を操作できる人と介護職員に操作してもらっている人を併せると、車椅子を使用している人は全利用者の約８割に上っています。

そして、部屋から共用スペースなどへの移動時はもちろん、食事の時も、テレビを見ている時も、レクリエーションを楽しんでいる時も、日中の大半を車椅子で過ごしている人が少なくありません。利用者にとって、車椅子は日常生活を送るうえで欠くことのできない「必需品」なのです。

歌体操に参加する皆さん。日中の大半を車椅子で過ごす

しかし、施設で車椅子利用者の様子を見ていると、「身体が片方に傾いている」「顎が上がり、身体がのけぞった格好になっている」「足に浮腫がみられる」といったケースが多々あります。「ずっと車椅子に座っているので、腰やお尻が痛い」と訴える利用者もいます。

介助時においても、介護職員が利用者に行き先を告げたり動き出すことを知らせたりすることなく、いきなり車椅子を押したり、２台を１人で同時に押したり、あるいはまた、車椅子を押すスピードが速かったり……といった場面を見かけることがあります。

動き出す前に安全確認ができていないと、足首などを巻き込んだりして危険です。また、声かけなしのスタートや速いスピードでの移動は利用者に不安な思いや恐怖心を抱かせます。２台押しも「何らかのアクシデントが起こったとき、瞬時に車椅子のブレーキを利かせたり、コントロールすることができない」「車椅子同士がぶつかり、利用者の腕や手が車椅子にはさまったりする」などの状況が起こりうる可能性もある

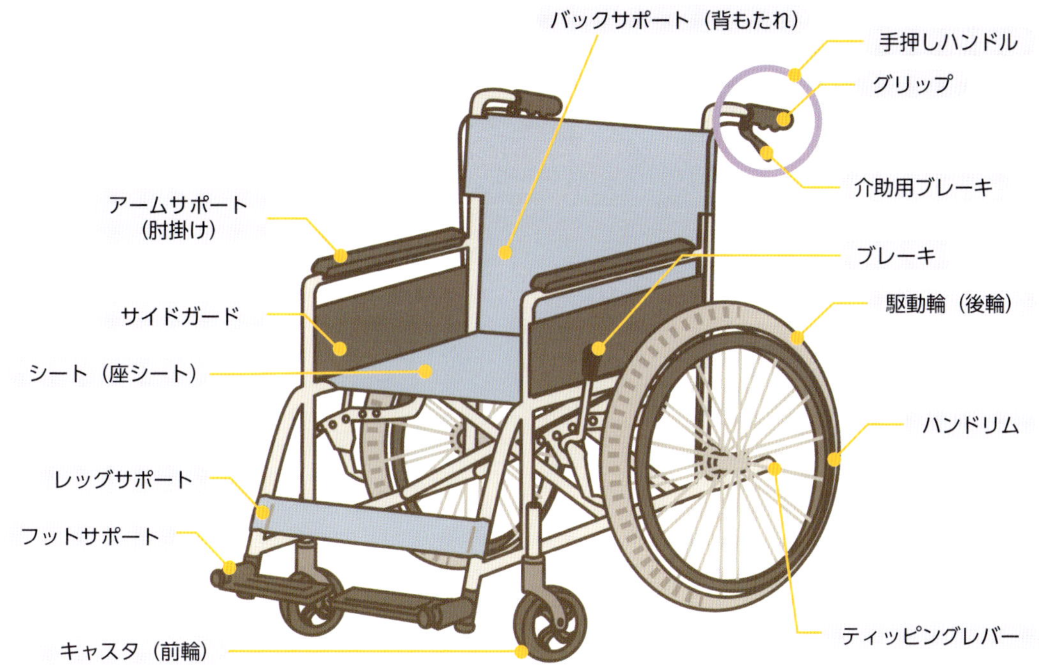

図1）車椅子の各部の名称

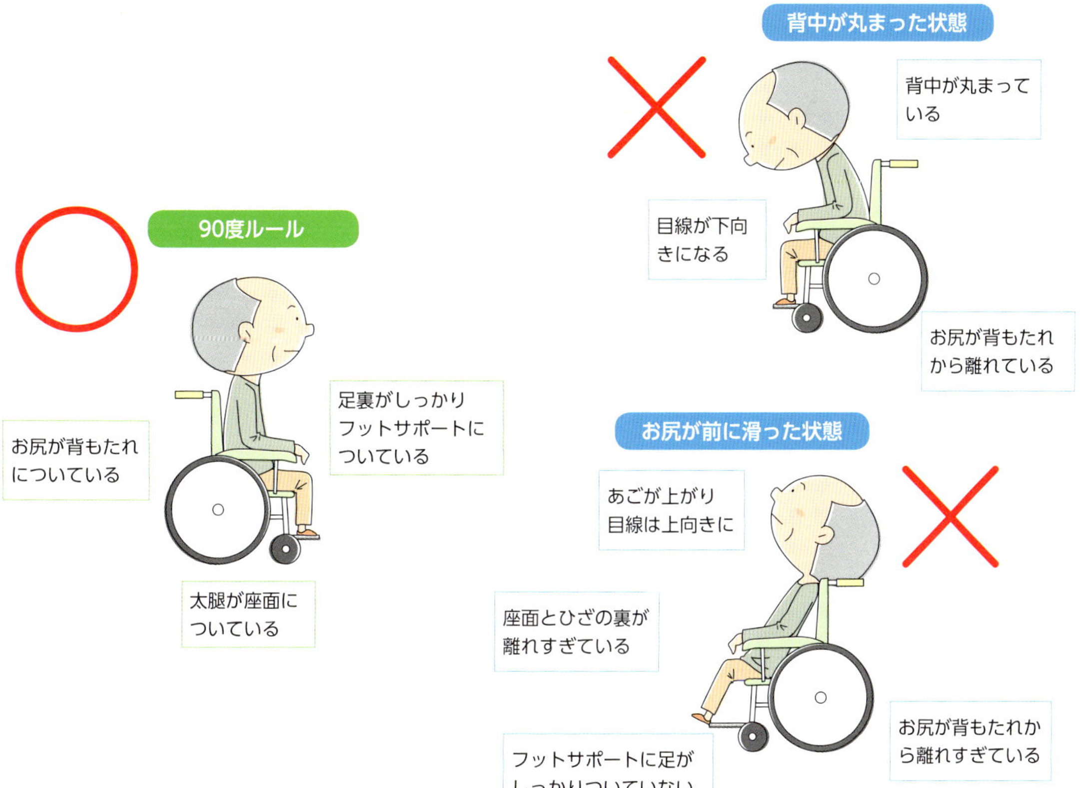

図2）座位姿勢と90度ルール

ので危険です。

「どのような状態で利用者が車椅子に座っているのか」「介護職員がどのような車椅子介助を行っているのか」は、施設の介護力を見る上で、重要なポイントの一つだと言えます。

座位姿勢が悪いと、心身にさまざまなトラブルも

施設で現在使われている車椅子の大半は「標準型車椅子」といわれるもので、病院の玄関などでよくみかける布張りの折りたたみ式車椅子です。この車椅子は10分程度の移動の際の使用が基本で、本来、長時間の使用には不向きなものです。また、サイズの大半が「ＪＩＳ規格大型」といわれるもので、身長165㎝の中肉中背の男性に合わせて作られています。そのため、小柄な女性高齢者には大き過ぎる場合が多々みられます。身体が傾いたり、前のめりになったり、のけぞったり…といった状況は、「身体に合っていない車椅子に長時間座っている」ことに起因している場合が多いのです。

車椅子での座位姿勢がきちんと保たれていないと、トラブルが発生する場合も少なくありません。

例えば、車椅子からのずり落ち・転落、食事時の摂食障害や誤嚥、腰痛や臀部・足の痛み・浮腫の悪化、褥瘡の発生など、身体機能の低下・悪化につながる恐れがあります。また、身体的につらかったり行動の自由度が低下したりすると、精神面でも主体性が奪われ、生活そのものに意欲的でなくなる場合もみられます。さらに、「のけぞった姿勢で天井ばかり見ている」「前かがみの姿勢で床ばかり眺めている」といった状況が続くと、刺激が少ないため、認知症が進行することもあります。

施設のココを見てみよう！

①車椅利用者の両ひざがしらがきちんとそろっているか

ひざがしらがそろっていない場合、身体がねじれたりしていないか

②車椅子利用者が“正しく”座れているか

深く腰掛け、90度ルール（P63）に近い座位姿勢になっているか

③食卓に椅子はあるか

車椅子のまま利用者が食事をしている施設では、椅子のほとんどが取り払われている

注目したい、車椅子に「座る」ということ

片側に傾いたり、のけぞったり…といった座り方を防ぎ、利用者の車椅子での生活をより快適なものにするためには、車椅子のフィッティング（適合）にも目を向けていく必要があります。

施設によっては、理学療法士や福祉用具事業者のアドバイスを得ながら、座位保持に取り組んでいるところがあります。また、食事時や休憩時には椅子やソファに座ってもらうなど、車椅子への「座りっぱなし」を減らそうと努めているところもあります。

その他、数としては少ないものの、簡易モジュール型車椅子などを導入し、利用者の身体状態を考慮した車椅子を提供しているところもあります。介護職員にとっても、アームサポートが取り外せたり、座面の高さ調整ができたりすると、介護が楽になるため、負担の軽減につながります。

表）車椅子の主な種類

標準型車椅子	移動用の車椅子。軽量で折りたたみ式のものが多い。片麻痺用で左右の車輪の大きさが違うもの、座幅が33㎝～58㎝など、数種類のバリエーションはあるが、既製品のため、使う人によっては身体にフィットさせるための専用クッションなどが必要になる。	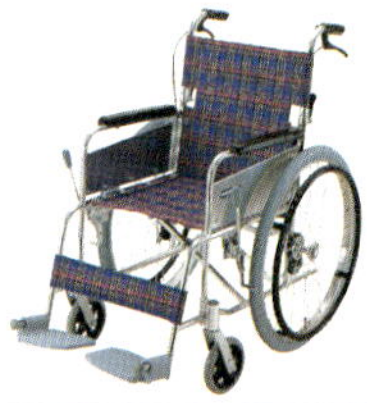
モジュール型車椅子	タイヤ・ハンドリム・座面・背もたれ・アームサポート・フットサポートなど各部品（モジュール）が分かれていて、利用者の体格・身体状況などに合わせて選択し組み合わせができる、イージーオーダーの車椅子。身体機能が変化する高齢者や車椅子に長く座って過ごす人に適している。	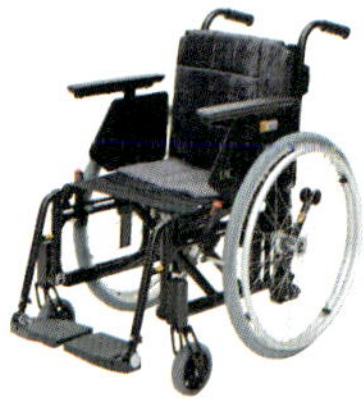
簡易モジュール型車椅子	座面や背もたれの張り調整のほか、アームサポートや座面の高さを数段階に調整できる車椅子。モジュール型同様、アームサポートやレッグ・フットサポートの取り外しもできるので、ベッドから車椅子への移乗にもスームズに対応しやすい。	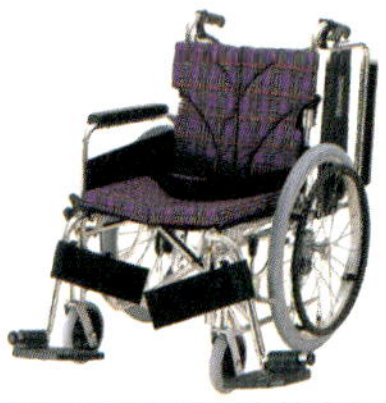
ティルト式 リクライニング車椅子	座位が保てない人に適した車椅子。ティルト機能という座面と背の角度を固定した状態で車椅子全体を傾ける機能によって座ることが可能になる。	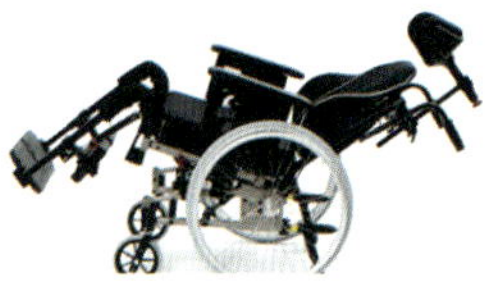

いずれにしても、施設において「日中はほとんど車椅子の生活」という現実を踏まえた場合、「移動のための手段」として車椅子をとらえるのではなく、「座る」ということにもっと注目し、座位姿勢の保持や座り心地という観点から、車椅子を考えていく必要があるでしょう。

身体状況に合わせた車椅子の提供や調整があれば、自走もしやすく行動範囲が広がるなど、利用者の自立支援や生活の質向上につながっていくはずです。

※木之瀬隆・著『これであなたも車椅子介助のプロに！ シーティングの基本を理解して自立につなげる』中央法規出版

☑ COLUMN

☑ 介護保険制度と車椅子

介護保険の「居宅サービス」では、要介護２～５の場合、車椅子のレンタルが可能です。高性能なモジュール型車椅子のレンタルもでき、自立支援や介護負担の軽減に大きな役割を果たしています。

しかし、「施設サービス」の場合、車椅子のレンタルはできません。施設サービスでは給付額の中で車椅子も整えなければならないとされているからです。もちろん給付額の中で利用者の身体状況に応じた車椅子を提供すればよいわけですが、「施設が用意する給付対象用具は基本的に標準的なものに限られる」「多くの利用者に対応できるものでなければならない」といった考え方も根強く、こうしたことが「標準型車椅子を用意すれば十分」という姿勢につながっています。そのため、利用者が自分に合った車椅子を望む場合、全額自費で購入しなければなりません。身体障害者手帳を申請し、1～2級であればオーダーメイドの車椅子を作ることもできますが、介護保険法が優先されるため、実際はあまり行われていません。

しかし、近年、車椅子の販売業者の中には、介護保険とは別に独自のレンタルサービス制度を立ち上げ、施設と契約して貸し出しているところも出てきています。必要に応じて利用者に合った車椅子を提供できるのが何よりも利点です。

10

居室・共用スペース

住まう人が落ち着いて暮らせる居室環境を

介護保険制度が始まって以降、特養の生活環境はずいぶん向上しました。一昔前は6人部屋でカーテンもない男女混合部屋があったり、ボイラー担当が勤務を終える夕方6時から12時間は暖房が入らない施設もあったりしました。個人用テレビについても「居室にこもりがちになる」などの理由で設置できないところが多くありました。

現在、特養の居室面積は「指定基準」（P14）により、1人当たり10.65㎡以上（6畳強）となっています。個室・相部屋（2～4人部屋）に関わらず、ベッドと身の回り品を保管するチェスト、ケアコールなどが備え付けられています。

ただ、個室と相部屋とではプライバシーの保持や自由度などにおいて、かなり環境が異なります。生活の場として、その人らしい暮らしを支えるには、個室が必須と思えます。

相部屋では室温調整や物音が原因となって利用者同士のトラブルが発生する場合もあります。そうしたことをできるだけ防ぎ、「居心地のよい空間になるように」と、従来型施設のなかには間仕切りや固定壁を設置して「個室感覚」を演出するなど工夫している施設もあります。

なお、個室・相部屋に関わらず、備え付けの家具だけの殺風景な居室が多い施設もあれば、各人がなじみの小物・クラブ活動で作った自分の作品・家族の写真などを飾ったり、使い慣れた家具を持ち込んだりして、思い思いのしつらえになっている施設もあります。施設の考え方や、利用者にとって、そこが自分の居場所となっているか否かが、垣間見えるところです。

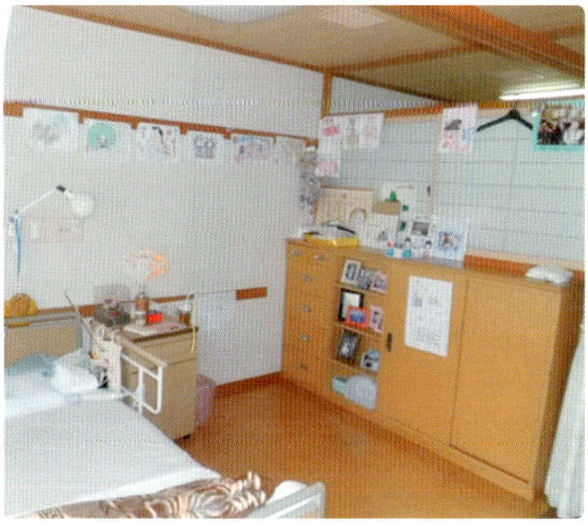

相部屋だが障子風の間仕切りで個室のような空間に

日中の大半を過ごす共用スペース 危険を予知し、安全面での気配りを

特養には指定基準によって、設けるべき設備が細かく定められています。食堂と機能訓練室は適切な広さがあれば兼用でも可とされ、共用スペースとしてフルに活用されています。ここでクラブ活動やレクリエーションが行われることも多々あり、日中の大半をそこで過ごす人も少なくありません。

共用スペースには、掲示物や催事の案内、献立なども掲示されています。大型テレビが設置され、畳のコーナーやくつろげるソファなどが置かれているところもあります。個室ユニット型施設の場合、カウンターには炊飯器や電気ポットなどが置かれていて、家庭的な雰囲気が感じられるところもあります。

特養の生活環境には、快適性や居心地の良さとともに、安全性も求められます。しかし、廊下には洗濯物が干され、「利用者が手すりを持ったり、車椅子で通ったりしにくい」「非常口の前に車椅子が何台も放置されている」など、事故につながる恐れがあったり、災害時の対応に支障があると思われたりするケースも散見されます。

環境面での危険を予測し、対策を職員全員で共有する。そうした意識と対応が、利用者の安心と安全を支えることにもつながります。

家具で仕切ることで食堂を自宅に近いくつろげる空間にする工夫も

COLUMN

認知症利用者が安心できる住環境を

幅広の長い廊下や回廊空間、同じような造りで並ぶ居室…。利用者にとって施設の住空間は住み慣れた家庭とはずいぶん違うだけに、不安と混乱を招く恐れもあります。

認知症の利用者の行動と心理を理解し、施設の住環境を工夫することは、介護職員による適切なケアと同じほど重要で、利用者の精神的安定や活性化につながります。

大規模な住空間を小規模な家庭的な心地よい空間にしたり、プライバシーを確保できる居場所を設けたりすることによって、「直接的な会話や交流の増加」「人の動きを見たり話し声を聴いたり…といった間接的な関わりの増加」「徘徊の減少」など、心身機能の維持・改善につながることが、米国や日本の研究からも実証されています。

資料：和歌山大学システム工学部教授足立啓『認知症ケアにおける環境の役割』（Dia News No.65　2011年）

居室のココを見てみよう！

①室温・湿度は適切か

夏に冷房が効きすぎて寒かったり、冬に加湿がたりずに乾燥していたり…。こまめな調整が望まれます。

②掃除は行き届いているか

ベッド周りなどにほこりがあったり、洗面台が汚れたままになっていることがあります。居室の掃除は担当の介護職員が行うのが一般的です。清潔で快適な生活環境は、利用者の気持ちの豊かさにつながります。

③ケアコールは手の届くところにあるか

利用者にとってコールボタンは介護職員との連絡に欠かせない「命綱」。特養では設置が義務付けられています。しかし、なかにはコールを差し込み口から外したり、手の届かないところに置いたりしているところもあります。「コードを首に巻きつけたりして危険」など明確な理由がない限り、撤去できません。最近は迅速に連絡を取れるようＰＨＳの導入が一般的になっています。無線タイプのコールも販売されています。利用者の安心・安全を守り、職員がスムーズに対応できるよう施設の検討と対策が望まれます。

リスクマネジメント・苦情相談

安全性と自由度は表裏一体
過度な安全重視は主体性を奪う

人間のさまざまな営みの中で、事故やケガは大なり小なり発生するものです。特養では利用者全員が何らかの身体的ハンディを抱えているだけに、事故やケガが起きることも少なくありません。

なかでも多いのが「ソファから立ち上がる時、バランスを崩して倒れ、膝を打った」「夜間、トイレに行こうとしてベッドから落ちて大腿骨を骨折した」など、転倒や転落による事故です。

それだけに施設では、事故やケガが予測できる事柄については、それを見越した的確な対応が欠かせません。例えば「歩行が不安定な利用者が滑りやすいスリッパで廊下を歩いている」「職員が車椅子を２台同時に押している」などは容易に危険性を察知できる事柄でしょう。

とはいえ「安全確保」を重視しすぎると、プライバシーの尊重を妨げ、過度に行動の自由を制限することになってしまいます。

家族の中には安全確保を最優先と考え、「身体拘束」を施設に要望する場合もしばしばみられます。しかし身体拘束は介護上禁止されている行為です。例えばＹ字拘束帯をつけて一日中車椅子に座らされていたら、事故は防げても利用者にとって「快適な、自分らしい生活」とは言えないでしょう。身体機能も当然低下します。

また、日常的に身体拘束が行われている場合、虐待につながっていく恐れもあります。

「事故予防・安全確保」と「自由・自分らしさの尊重」は表裏一体の関係にあるだけに、そのバランスのとり方・対応のしかたは、施設にとって常に難しい課題です。しかし、個々のケースについて、利用者・家族・担当職員はもちろん、施設内の多職種が協議・検討を重ねる中でよりよい方策を見出していくことが望まれます。

一方、利用者や家族も、「生活の場」である施設の暮らしの中では予測できない事故やケガも起こりうること、過度な安全性の重視は利用者の主体性を損なう危険性があることを、理解しておく必要があるでしょう。

「気軽に相談できる窓口」が虐待の抑止力となる

特養では「苦情相談窓口を施設内に設置し、苦情解決に努めなければならない」とされています※1。

利用者・家族にとって「ふだんお世話になっている介護職員に苦情や要望は言いづらい」という場合もあるでしょう。そのため施設では生活相談員（P21）などが苦情受付を担当しています。

また、利用者・家族のなかには「利用している施設のことをよく知っている人で、施設関係者ではない“第三者”」に相談してみたいと思う場合もあるでしょう。施設には、施設長や職員とは別に、中立公平な立場で相談を受ける「第三者委員」と呼ばれる相談対応者を配置することも求められています。施設によって異なりますが、第三者委員は地域の民生委員や自治会長、社会福祉の研究者・関係者などに委任することが多いようです。

苦情相談窓口については、「重要事項説明書」（P16・82）に記載されているほか、施設の玄関ロビーや各階のフロアなどにも掲示されているところが多いので、相談の有無に関わらず確認しておきましょう。

施設ではその他、O－ネットのような介護オンブズマン※2や介護相談員※3が日常的に施設に入り、利用者・家族のニーズを聴き取っているところもあります。介護オン

COLUMN

☑ 身体拘束

身体拘束とは、利用者が自分の意志では自由に動けないように縛ったりすること（P33）。

指定基準第11条４項では、利用者の生命や身体を保護するため「緊急やむを得ない場合」を除き、身体拘束や行動制限を行ってはならないとされています。

身体拘束に該当するものには、車椅子・椅子・ベッドにひもで縛る、つなぎ服を着せる、ベッド柵で四方を囲む、車椅子に抑制帯やテーブルをつけて立ち上がれなくする、手指の機能を制限するミトン型手袋をつける、などがあります。

「緊急やむを得ない場合」と認められるのは、①切迫性（生命・身体が危険）、②非代替性（拘束に代わる介護方法がない）、③一時性（行動制限が一時的なものに限る）の３つの要件をすべて満たし、かつ確認等の手続き等が慎重に行われているケースに限られます。

ブズマンや介護相談員は、利用者・家族との対話を大事にしながら、潜在的な希望を汲み上げていく活動を行っています。

何気ない会話を通して「手が不自由。スプーンですくいやすい器に、おかずを入れてほしい」など、ちょっとした要望や気持ちを伝えることができます。そうした点で苦情を自らの意思で申し出る必要がある「苦情相談窓口」よりも、利用者や家族にとって気軽に思いを伝えやすい存在であると言えるでしょう。

2006年施行の高齢者虐待防止法により、高齢者の人権を守るため職員の意識の強化が求められるようになりました。第三者が日常的に介護の現場に足を運ぶことは、施設の密室性を防ぎ、虐待防止にもつながります。

積極的な施設では、介護オンブズマンや介護相談員についても、玄関ロビーやフロアに掲示したり、広報誌・行事・家族会などの場で担当者を紹介し、「気軽に相談を」と呼びかけたりしています。

いずれにしても「苦情がない施設」が必ずしも「良い施設」であると言えません。介護する側が、利用者のために良かれと思って行っていることでも、利用者にとっては迷惑だったり本当は嫌だったりする場合もあり、感覚のズレもあるでしょう。大切なのは、施設に「要望や意見を言いやすい体制・雰囲気があるか」「伝えたことに速やかに対応し、真摯に向き合う姿勢があるか」ということ。苦情を「サービス向上に役立つ情報の宝庫」と考え、対応していくことが施設には何よりも求められます。

なお、施設に伝えにくかったり、伝えても対応されなかったりする場合、市区町村の高齢者施設担当課、都道府県の国民健康保険団体連合会や、社会福祉協議会に設置されている運営適正化委員会に相談するのもよいでしょう。

※1：社会福祉法第 82 条、指定基準第 33 条
※2：P38 参照
※3：O－ネットの介護オンブズマン活動をモデルに、厚労省が全国の市町村に設置。2018 年 2 月末現在、実施市町村数 467、介護相談員数 4339。

利用者から聴き取った苦情・要望を施設の担当者に伝えるオンブズマン。オンブズマンという第三者を通して、冷静かつ説得性をもって話し合うことができる

利用者の素敵な言葉　②

「お正月に間に合うと思うてます。」

（Kさん　86歳・女性）

5月半ば施設を訪問したとき、黙々と毛糸編みに精出しているKさんに男性オンブズマンが「これから夏に向かうのに毛糸の手編みはいらんでしょう」と声をかけたとき、返ってきた言葉です。

得意だった手芸をしたくて材料を揃えてもらっても、編み方が分からなくなったり集中力が続かなかったりして、ひとりで作品を完成するのはなかなかな難しい状況です。でも、Kさんの施設では手編みの得意な年配のボランティアが傍にいて適宜サポートしてくれるので、Kさんも編み続けることができ、昔取った杵柄が生かされています。

お正月はまだ先です。時間はたっぷりあります。マイペースで根気よく続ける――。オンブズマンの愚問に対する、見事な切り返しと目標宣言でした。

「入れてもろたん違う
わたしが入ってきたんや！」

（Nさん　85歳・女性）

入浴中だったNさんが、職員に車椅子を押してもらって部屋に戻ってきました。面会に訪れていた家族が「お風呂にいれてもろたんやねえ」と声をかけたとき返ってきた元気な言葉です。家族・職員・オンブズマンと、そこに居合せた人たちから、どっと笑い声があがりました。

一昔前に比べると施設での一斉対応は少なくなり、個別対応を行っているところが増えています。それでも施設の中で、「わたし」が主人公であり続けるのは、なかなか難しいことです。入浴は曜日も時間もたいてい決められていて、利用者にとって「お世話してもらっている」ことを強く感じるときでもあります。そんななかでのNさんの一言。たとえ身体は不自由でも、自己決定の魂を持ち続けることはできるのです！

「わしのこころ20℃や　ふところが寂しい」

（Tさん　88歳・男性）

週１回、信仰で結ばれた仲間が訪れ、その人たちの介助を受けて外出するＴさん。

施設で暮らしていると、飲み物の自販機ぐらいでしか、現金を使う機会がありません。定期的に業者が来て、移動販売が開催されるところもありますが、頻度はそれほど多くありません。

Ｔさんは外出の機会が多いので、手元不如意を感じているようです。でも、20℃ですから、冷えこむほど深刻ではありません。むしろ生活感のある日々を維持している証しかもしれません。

こんなユーモアあふれる言葉が出てくるゆとりは、入居前からの交流が今も続いているからとも思えます。今までの生活の継続と社会とのつながりが、ユーモアを生み出す活力源になっています。

「仲良しです」「いつも一緒です」「ひとりぼっちは寂しいので、ここにいると寂しくないのです」

（80歳代　女性3人）

施設で仲間づくりは難しいと言われていますが、この人たちは仲良し３人組です。皆さん程度の差はありますが、認知症のある方です。戸惑いや不安も多い認知症の方にとって、穏やかな人の温もりのある環境は最高です。ここにはそんな特別な世界が生まれています。３人の言葉にも生きる力が感じられました。

他の人にはわからなくても、3人で会話が盛り上がり、笑い声が響くこともしばしばです。それぞれ違ったテーマで話しているのに「そやそや」と相槌をうち笑顔がはじけます。そして、その明るさや楽しさが周囲に波及するのです。

施設の中でこんな幸せな光景が生まれるまでには、職員のさりげない働きかけやお手伝いもあったことでしょう。利用者に注がれる的確で温かな目も感じられます。

第3章

特養利用の留意点と課題

前章で、さまざまな違いがあることが分かった特養の生活と介護。では、安心して利用できる特養を選ぶには、どうすればよいのでしょうか。

この章では、施設見学時のポイント、利用する側に求められること、そして、特養のこれからの課題について考えます。

1 施設見学のポイント

元気なうちに養っておきたい「施設をみる目」

2015年度から特養入居者は原則として要介護３以上の人となりました。「要介護３以上」というのは、一人で立ち上がったり歩いたりできず、全面的に介助が必要な状態。認知症がある場合、中度～重度で日常生活に支障をきたす状態です。

ということは、特養への入居が必要となった時点では「当事者が自分で施設を選んだり入居契約を結んだりできる状態ではない」ということです。施設選びや入居の手続きは必然的に家族や身近な人々に託されると言えます。

第２章で述べたように、「特養」とひとくちに言っても、実際に行われている介護サービスの質は施設によって異なります。「どこでもよいから入れるところへ」ではなく、自分が「利用したい」と思える施設に入るには、元気なうちから、どんな施設を利用したいと思っているのか、ある程度の要望を家族や身近な人々に伝えたり書いたりしておくと、託された人もそれを参考にして施設を選んでくれるのではないでしょうか。

P30で触れたように、加算の有無を知っておくことも大切です。例えば腎臓病に配慮した食事を提供してほしいなら「療養食加算」を取っているかなど、自分のニーズに対応できる施設かどうかを総合的に決めるうえで一つの判断材料となります。

一方で、動けるうちにさまざまな施設を見学し、ある程度、自分の施設生活をイメージしておくことも必要です。そうすることによって、「個室がいい」「異性介助は困る」「選択食のあるところへ」など、具体的な要望も明確になるはずです。

また、家族も入居申し込みを行うにあたって、当事者の意向が分かっていれば、その人に合った施設かどうか判断しやすいでしょう。もちろん家族も、快適に暮らせる施設かどうかを見極める「見る目」を養っておきたいものです。

「多様性」と「第三者の目」の有無が、介護力の目安となる

実際の施設見学にあたっては、次の点がポイントとなります。

❶ 職員や利用者の様子をよく見る

職員については、穏やかな態度で利用者に接し、目線を合わせて言葉かけをしているか、に注目します。認知症の人への対応がよい施設では、職員が利用者の言動に手や口を出し過ぎず、見守りながらもゆっくりと待つことができています。

利用者については、穏やかで明るい表情の人が多いか、こざっぱりと清潔感ある服装をしているか、を観察しましょう。

要介護度が同じ程度でも、職員がこまめに利用者に声かけや働きかけを行っている施設の利用者は、相対的に元気に見えるものです。利用者の様子を見ることで、暮らしやすい施設かどうかが、ある程度分かります。

❷ 施設長のかかわり方を見る・聞く

一般に、施設長がこまめにフロアや居室に足を運び、利用者に声をかけたりしているところは、介護も充実しています。

利用者の顔や名前、特徴などを自らが把握できているため、介護上の変化や要望にも迅速に対応でき、きめ細かなサポートに結びつきます。また職員にとっても、施設長が現場をよく把握してくれているということは仕事への励みにつながります。

❸ 多様性はあるか

利用者は病気や加齢により心身が日々変化していきます。そのため、それに対応した生活環境やサービスが多角的に用意されていることが好ましいと言えます。個々の身体状況に合わせ、柔軟に対応してくれるのかどうか、その施設の介護力を推し量る一つの目安になるからです。

例えば、①車椅子は標準型だけでなくモジュール型（P65）なども使われている、②食事スペースのテーブルと椅子は高低のあるものを揃えている、③移乗用のリフトやスライディングボードといった介護機器や用具も用意されている（P84）、などは見学時に比較的目にしやすいポイントです。

ボランティアを積極的に導入しているか、も判断の一つになります。多くのボランティアが日常的に関わっている施設では、行事やクラブ活動の種類・内容が豊かになり、楽しみや生活援助の幅も広がります。利用者の生活に彩りや変化を添えてくれる機会となるでしょう。ボランティアという「外部の目」が入ることで、施設の閉鎖性が緩和され、透明性も高まります。

その他、選択食や代替食はあるか、ソフ

ト食（P42）も提供しているか、など食事についても尋ねてみましょう。

❹ 玄関ロビーや庭の立派さだけに目を奪われない

玄関や１階のロビー、庭園は見事でも施設での生活が快適かどうかは分かりません。豪華なシャンデリアがあるロビーや立派な庭園があっても、「施設で暮らしている利用者は利用していない」というところもあるからです。施設の豪華さよりも、居室に利用者のなじみのものがあるなど、その人らしく暮らせる空間になっているか、清掃は行き届いているか、に注意を向けましょう。

❺ 苦情要望への対応

特養では苦情相談に対応することが義務付けられています。しかし、施設関係者による相談窓口だけでなく、日々の生活の質を改善するために、利用者や家族の声を代弁してくれる第三者を日常的に受け入れている施設かどうかも、重要なポイントです（P71）。

利用者や家族の声に、「柔軟に軌道修正できる体制」を整えた施設は、介護する側の「思い込み」を防ぎ、密室化を避けることにもつながります。

☑ COLUMN

☑「よい施設」とは、主体的に暮らせるところ

施設で暮らしていると、介護を受けているとはいえ、すべてのことが「お任せ」で依存的になっている場合が少なくありません。

１日のスケジュールや規則が決められ、刺激が少なく、しかも「お仕着せ」「あてがいぶち」の生活が続くと、次第に生き生きした表情が消え、自分で何かしようという意欲も失われていくものです。生活動作のサポートは必要でも、自分で選択し意思決定できることはまだまだあるはずです。「自らが選び、決める」ことによって満足感と積極性も生まれてくるのではないでしょうか。

そう考えると「よい施設」とは、利用者自らの「主体的に生きる力」を引き出すために、生活のさまざまな場面において、「自己選択・自己決定の機会を作り出している施設である」と言えます。「服はどれを着る？」「昼食は魚料理か肉料理かどちらに？」など、選択肢と意思決定の場をどれだけ提供しているかは、主体的に暮らせるか否かの有力な判断基準となります。

利用する側に求められること

利用者として……「責任」と「孤独」を引き受ける覚悟も必要

施設で暮らす人々の中には意思疎通が難しい人もありますが、サービスの受け手である当事者として希望や要望を遠慮なく職員に伝え、選択の余地のある事柄については自分の思いを言うように心がけましょう。例えば、食事・排泄・入浴といった介護についても「お鮨を食べたい」「同性介助してほしい」などと自分の意見をいう勇気を持ちたいものです。

半面、留意しておきたいこともあります。①選択にはそれに伴うリスクのあることを知り、そのリスクの責任は自分で負わなければなりません。②集団生活であるため多かれ少なかれ一定の制約があります。③過剰介護は主体性を損ない、自分で出来ることも次第にできなくなってしまい、心身の老化が急速に進みます。「至れり尽くせり」に甘えすぎず、できることは自分でするように努めましょう。

人はどこにいても、老いに伴う孤独と直面することになりますが、特養という共同

COLUMN

☑カレンダーを活用しよう

カレンダーは、単調になりがちな生活に、目標と張りを持たせるのに有効です。ベッドサイドに大型のカレンダーを掛け、諸々の予定を自分で書き込んだり、職員に書いてもらったり、あるいは目印となるシールを貼ったりしてはいかがでしょう。

例えば、施設の行事、受診のための外出日、家族の来訪日、孫の誕生日…などを記入しておけば、メリハリのある自立的な生活に役立つことでしょう。失われがちな社会性を取り戻す機会にもつながります。

そしてカレンダーには、最愛の人の命日も…。歩んだ日々に思いを馳せ、心を合わせるとともに、自らの命を思い、静かな気持ちの落ち着きを感じるときとなるはずです。

生活の中にあっても、利用者それぞれが「孤独」に圧倒されない才覚と覚悟が必要です。どうすれば孤独に負けずにすむか、あらかじめ心の準備をしておくに越したことはありません。

多くの利用者が暮らしているとはいうものの、親しい友人をつくったりするのは難しいものです。平穏に暮らすには関わり合いを避けるほうが無難である場合も少なくありません。「自分のことを分かってもらえない」「自分の不安や混乱を理解してもらえない」とネガティブに考えると、施設の生活が非常につらくなり、苦痛になったり落ち込んだりするものです。

施設で暮らす日々は、いわば「人生の仕上げの時期」にあたるだけに、自分なりに何か楽しみや笑い、張りを見つけてポジティブに過ごすほうが、心穏やかな日々を送ることができるでしょう。「孤独に慣れる」ことが生活の知恵となるかもしれません。

家族として……
大切なケアプランの会議
積極的に意思疎通を図ろう

家族としては、できるだけ施設訪問の機会を増やして利用者との関わりの時間を多く持つとともに、施設との率直なコミュニケーションを心がけたいものです。

利用者は加齢や身体機能の低下に伴い、何かしようとする意欲や食事量が徐々に減少していきます。家族の「少しでも長生きしてほしい」「何とかして食べさせたい」という気持ちも分かりますが、それが本人にとって負担となることもあります。身体状況の変化を受け止め、家族としてどう接し、支えていくのがよいのか、冷静に考え臨むためにも、利用者の状態を把握している介護職員の話に耳を傾け、一緒に考えていくことが望まれます。

一方、事故などが起きた場合は、なぜ起きたのか、きちんと説明を求め、今後の対策についても話し合いましょう。場合によっては、生活相談員やケアマネジャー（P21・22）に伝え、ケアプランの見直しをしてもらうのもよいでしょう。

もちろん、ケアプランの作成・見直しの際は、その会議に利用者と一緒に参加しましょう。そして、よりよいケアにつなげるための情報（利用者の好み・得意だったこと・価値観・経歴など）や要望を伝え、プランに反映してもらいましょう。

入居期間が長くなると、ケアプランの見直し時期になっても会議に参加せず、施設から送られてきたケアプランに押印だけして返送する家族もあります。会議を有効に活用していないのはもったいないことです。

いずれにしても、施設の対応に疑問や不安がある場合、早めに家族のほうから申し出て、話し合いの場を持ってもらうことが必要です。すべて望みどおりに…というわけにはいかないかもしれませんが、施設とのよりよい関係づくりが、ひいては利用者の安らかな生活を支えることにもつながります。なお、施設との話し合いの際は、「相談する」という姿勢で互いの立場を尊重し、冷静に接することも必要です。

利用している施設が、苦情に関わる第三

COLUMN

家族の希望が利用者の主体性を阻むことも

利用者本人のことを最も考え、思いを一番よく知っているのは家族だと、思っている人も多いことでしょう。しかし、本人の思いと家族の考えが、必ずしも同じだとは限りません。家族はともすれば保護的であり、利用者の行動を抑制し主体性を制限する「立役者」になっている場合も少なくありません。

例えば「誤嚥が心配でミキサー食を希望する」「転倒を恐れて車椅子への拘束を依頼する」「失礼な発言があっても、お世話になっているからと苦情を言わない」…。こうしたことは本当に本人が望んでいることなのか、家族は改めて考えてみる必要があります。

また、「至れり尽くせり」「上げ膳据え膳」が、手厚い良いサービスだと思い込んでいる家族もあります。「歩けるのに危ないから…と車椅子に乗せる」「用事があればすぐに職員が手を貸す」…。職員が何でもすることで、利用者の身体機能は急速に低下していくことを、家族は知っておかねばなりません。

者委員を設置していたり、介護相談員やOーネットのような介護オンブズマンを導入したりしている場合は、その人たちに相談してみるのもよい方法です（P71）。その施設のことをよく知っている人に話を聞いてもらうことで気持ちの整理がついたり、背中を押してもらえたりすることもあります。また、家族の思いが妥当なものかどうかの判断にも役立つことでしょう。

市民として……
施設に関心を持ち、
施設を見る「市民の目」を育てる

今は特養と関わりがない人も、施設が主催する介護教室を受講したり、行事などにボランティアとして参加したりすることによって、施設の暮らしの様子を垣間見ることは可能です。

特養とはどんなところか、そこにはどんな生活とケアがあるのか、といったことについて関心をもつことが、施設を見る「市民の目」を育てることにつながります。自らの来るべき老いのイメージを膨らませ、介護のあり方を考える機会になるとともに、「見る目」を養うことが施設介護の質向上にもつながっていくことでしょう。

☑ COLUMN

☑ 施設選びの際は「重要事項説明書」も参考に

施設の概要、サービス内容や費用、職員の配置状況、協力医療機関や退居の要件、苦情相談の窓口など等が記されている「重要事項説明書」（P16）は、入居の際だけでなく、入居を決める前段階の「施設選び」の際も活用することができる貴重な参考資料です。

重要事項説明書は大半がモノクロ印刷で写真もなく、文字ばかりの一見堅苦しそうな文書です。しかし、パンフレットには盛り込まれていなかったり、見学では説明のなかったことなどについても詳しく書かれていたりすることが多いものです。

施設見学の際には重要事項説明書を必ずもらいましょう。どの施設にも共通して記載されている項目も多いので、自宅でじっくり比較検討することができます。しっかり目を通すことによって、入居を検討している施設の全体像が把握でき、入居する人の意向に沿った施設の絞り込みに役立つでしょう。

3 特養の課題

認知症への理解とスキル向上が虐待防止につながる

長年、高齢者介護をけん引する役割を果たしてきた特養。歴史も長く、施設数や利用者数においても他の介護施設を圧倒してきただけに、特養の介護があらゆる面においてこれまでの我が国の施設介護のあり方を方向づけてきたと言えます。

しかし、サ高住（P9）など新しいタイプの施設・住宅が次々に登場し、費用や要介護度によっても入居の選択肢が広がっている昨今、「要介護度３以上の利用者」を対象とする特養の役割は、これまでとは幾分違ったものになってくると思われます。

入居する利用者の特性を考えたとき、特養の今後の課題として、第１に挙げられるのが、認知症ケアの充実でしょう。

現在でも特養で暮らす利用者の８割以上は、程度の差はあれ、認知症を患っています。そうした人々の不安や混乱を和らげ、安心して暮らせる居場所を提供するには、医療・介護の両面から、認知症に関する豊かな知識と観察・対応力を身につけていくことが、施設および職員に望まれます。

施設によっては認知症ケア専門士[※1]の有資格者や認知症介護指導者研修などの受講修了者がいるところもありますが、これらの研修受講者が施設内に１人～数人しかいないため、認知症への考え方や取り組みが職員全体に浸透していないところも少なくありません。利用者への対応に右往左往したり、体調変化への観察が十分にできていなかったり、生活行為へのサポートが少なく、話しかけやアクティビティなど日常的な刺激が少ない施設もあるのが現状です。

認知症への深い理解と対応は、利用者の自尊心を傷つけない態度や言葉づかいへの配慮となってあらわれ、不適切ケアや虐待の防止にもつながります。そのためにも、認知症ケアに対する知識や経験を常に職員間で共有し高め合うこと、そしてそのための仕組みづくりが、より一層望まれます。

「終の棲家」として期待される看取りの経験と充実

第２に、看取り介護への対応も欠かせません。過度な医療処置や延命治療を行うのでなく、穏やかに自然に最期を迎えたいと願う人は多くみられます。「終の棲家」である特養には、そうした看取りの場としての役割も期待されています。

現在、特養で看取りを実施している施設は全体の約８割。看取り介護加算 (P32) が設けられ、取り組む施設が増えてはいるものの、まだまだ実績は少ないのが現状です。そのため職員の「死」に対する理解が不十分だったり、看取り期の判断・本人の意思確認・家族へのサポートの難しさに直面したりしている施設も少なくありません。

看護職員が夜間は常駐していない施設が圧倒的に多いなかで、「夜間急変時への対応」に不安を抱えているという現状もあります。家族、介護職、医療職がフラットな関係で、看取りの利用者を囲み、見送る――。そんな病院とは違った“介護施設モデル”の看取りを構築していくことも求められるでしょう。

上手に使いこなしていきたい介護機器・ロボット

第３に、介護機器やロボットを上手に活用していくことも必要です。

特養では、移乗・移動の介助をはじめ、“人による介護”が中心となっています。しかし、座位や立位を取るのが難しい重度の利用者が増加するなか、人力による力任せの介護だけでは限界があるのが実情です。

人力による介護は、介助方法がまずいと、利用者に苦痛や不快感・不安感を与えるほか、ケガや事故につながる恐れもあります。また、介護職員にとっても負担が大きく、肩や腰を痛める原因にもなりかねません。

2013年に厚労省では「職場における腰痛予防対策指針」を19年ぶりに改訂し、「腰

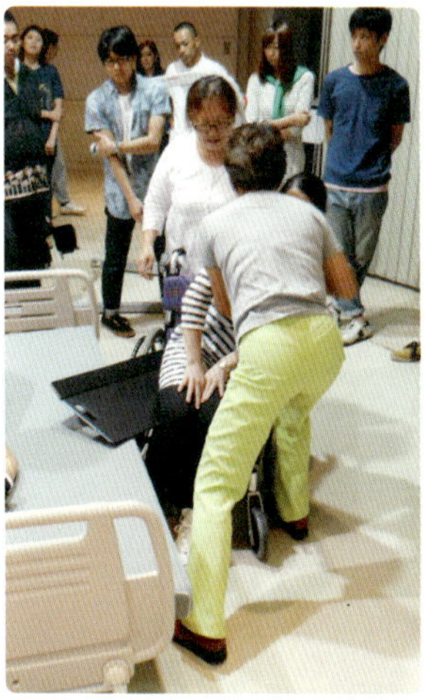

スライディングボードとアームサポートの取り外しがきく車椅子の利用で、ベッドから車椅子への移乗も簡単に

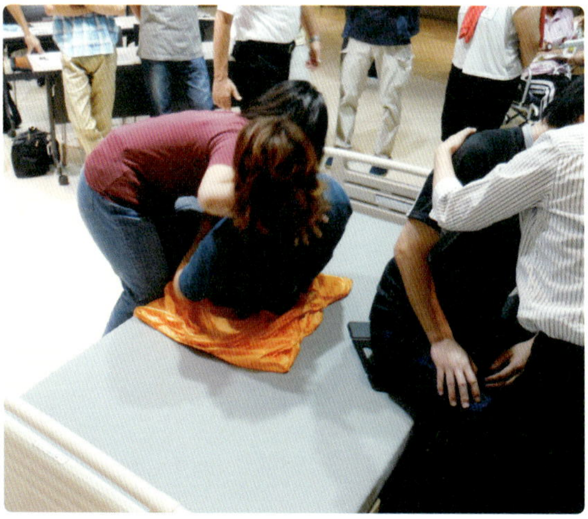

スライディングシート（オレンジの布）を使うと、ベッド上の姿勢修正や腰かけたりするのもラクに介助できる

に著しく負担がかかる車椅子やベッド等への移乗介助等では、原則として人力による人の抱き上げは行わせない」（ノーリフトポリシー）という画期的な指針を発表しました。

しかしこの指針の浸透には月日がかかるようです。リフトなどの機器はもちろんのこと、ベッドから車椅子への移乗に役立つスライディングボードや、ベッド上の位置の修正や起き上がりをサポートするスライディングシートなどの介護用具の導入や活用も十分とは言えません。

団塊の世代が75歳以上となる2025年には250万人の介護人材が必要となり、このままでは37万人足りないと試算されています。人材確保はより厳しくなるだけに、介護職員の確保と定着を図るためにも、無理をせずに安心して働ける職場環境を早急に整えていくことが望まれます。

近年、介護ロボットの開発も急速に進んでいます。個々の介護職員が使いこなせるようには、ある程度日数も必要ですが、ロボットを上手に活用することも、仕事の効率化に役立っていくと思われます。

外国人も担う介護現場
仕事・生活面の支援で
定着できる環境づくりを

第４に、外国人介護職員の受入れと定着に向けての課題です。

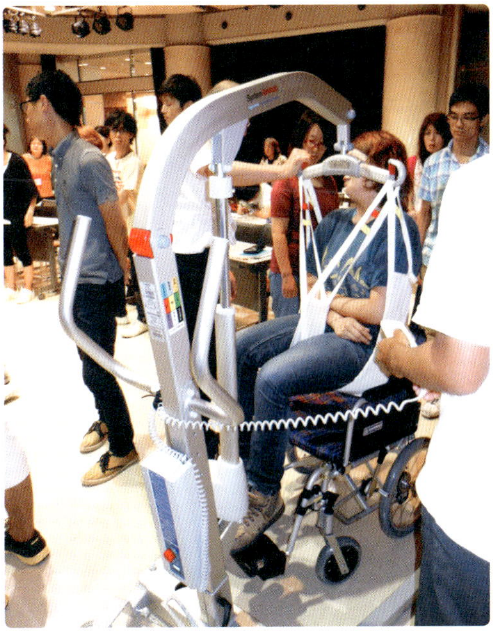

床走行式リフト。座位が不安定で体重が重かったり臀部を動かしたりできない人の介助に役立つ

介護の担い手不足が深刻化するなか、外国人を介護職員として採用する施設も増えつつあります。

国では近年、①EPA（経済連携協定）による外国人介護福祉士候補生の受入れ※2、②技能実習制度の職種に「介護」を追加※3、③入管法改定による在留資格「介護」※4「特定技能」※5の創設と、相次いで介護分野への受入れルートを拡大し、外国人採用を促しています。

日本語の習得、生活文化の違いへの理解、仕事と生活面でのサポートなど、受入れ施設は費用をはじめ多くの課題を乗り越えていかねばならないだけに、対応は容易ではありません。
しかし、外国人の定着が進むようになった施設では「職場が明るくなった」「利用者に丁寧に接して喜ばれている」「学ぼうとする姿勢が日本人職員にも刺激となっている」など、前向きな感想が聞かれます。外国人の採用を機に職場全体の「仕事内容やサービスの質の見直しを図った」と、介護の質向上につながっているところもあります。
難しい課題ではありますが、外国人介護職員が孤立せず、職場に定着し、日本という国に良い印象を持ち続けてもらうためには、NPOや地域住民による支援も必要でしょう。
東アジアをはじめ、さまざまな国で高齢化が進み「介護」が課題となるなか、介護先進国として培ってきた日本の知識や技術は貴重です。蓄積してきたノウハウを外国人介護職員にも伝えていくことは、自分たちの「介護」をより多角的にグローバルな視点で見ることにもつながります。
人生の最晩年を迎えた人々と向き合う特養という施設は、「人が生き、老いるとはどういうことか」といった「人間の生」の根源に生身で関わり、利用者の人生の総仕上げに携わることを通してその尊さを知ることのできる場です。
利用者や家族が「人生の最期をここで過ごせてよかった」と思える施設にするためにも、これら４つの課題に向き合っていくことが、これからの特養介護の充実のカギとなるでしょう。

※１：日本認知症ケア学会が定める認定資格で、認知症ケアについて優れた知識・技能・倫理観を持つ専門技術士のこと
※２：2008年度より開始
※３：2017年度より開始
※４：2017年度より開始
※５：2019年度より開始

利用者の素敵な言葉　③

「脳梗塞でリハビリ病院にいたとき三つの誓いをたてた。
・自分でトイレにいく
・車椅子への移乗は自分でする
・衣服は自分で着替える
いまも続けている」

（Sさん　85歳・男性）

脳梗塞の後遺症で言語にも障害のあるＳさんとの面談で聞いた言葉です。

たしかに自力でトイレにいくことは、全ての利用者の願うところです。トイレで車椅子から立ち上がって便器へ移れるように歩行訓練をするという人も多いのです。

施設では事故を防止したり効率よく業務をこなすため、利用者の意志に反して、職員が先に手を出してしまうことがありますが、この施設では本人の意志や努力を尊重した自立支援をしているようです。また、Ｓさんの凛としたものが施設や職員を動かしています。

「ぎょうさん練習して
上手にできるようになったから、
もうええやろ？」

（Mさん　79歳・女性）

何かをやり始めると止まらないＡさんです。認知症のせいでもあるようです。「止めたらよけいにするねん」と周りの人たちは諦めぎみです。Ａさんが照明のスイッチを点けたり消したりしている時、傍にいた利用者のＭさんがユーモアをもってＡさんに伝えた言葉が上記です。その言葉を聞いてＡさんはスイッチを押すのを止め、離れていきました。Ｍさんの知恵と優しさが感じられる、まさに「熟年の技」と言えるでしょう。

施設にいると、時々大きな制止の声を聞くときがあり、穏やかであるべき介護の場を乱します。とくに認知症の方には悪影響を与えます。この施設ではＡさんの行動を黙認したり、上手に誘導したりする人がいて、よい雰囲気の共同生活が保たれています。

おわりに

多くの高齢者は、徐々に進んでいく自分の身体の衰えに、歯がゆさややるせなさを感じ、どこへも向けられないその怒りや戸惑いを、なんとか自分の胸に収めながら、日々過ごしているのではないでしょうか。

「一生懸命生き、働いてきた」「家族や周囲、多くの人に頼りにされてきた」という自負。一方で、介助なしには生きられない現状への不安と情けなさ…。特養で暮らしている人々の中には、そうした思いを併せ持ちながら日々過ごしている方も多いでしょう。

他方、自分の来し方行く末を丸ごと受け止め、達観したなかで淡々と施設生活を送っている人もあります。気負いはないけれど、ふとした言動にその人らしさが滲み出る――そんな場面に出会うことも少なくありません。人生の仕上げの場である特養は、身体状況はもちろんのこと、これまでの生活環境も、入居に至る背景も、老いへのとらえ方も、実にさまざまな思いをもつ人たちが暮らしているところでもあるのです。

利用者の家族も千差万別です。「心身ともにゆとりがなく、自分は笑顔で接することができなかった」「親族の間で介護について意見対立があって嫌な思いをしたけれど、ここで肉親が穏やかに暮らせて、ほっとしている」という人もあれば、自宅で介護できなかったことに罪悪感をもったり、「本当にここでよかったのだろうか」と悩み続けたりしている人もいます。

この冊子では、利用者・家族のそうした心理面まで言及することは控えました。特養の概要や生活を理解するための入門書と位置づけて制作しました。そうした点で皆様のお役にたてれば幸いです。

20世紀終盤までは家庭内のプライベートな事柄だった介護が、介護保険制度の成立により、社会化されて20年。介護施設やサービスについての情報量が劇的に増え、介護方法も急速に進歩しています。その一方で、本書の冒頭でも述べましたが、最もポピュラーな介護施設である特養についての情報はきわめて少ないのが現状です。介護保険制度に基づく公的な施設であるからこそ、もっと特養の内容をオープンにすべきではないのか…。そうした思いから、「特養の全体像を把握できる冊子にしよう」と執筆に乗り出したわけですが、少し踏み込むと専門用語や専門的な内容に出くわすため、どこまでの事柄をどの程度記すべきか、判断に苦しみ、表現にも迷いました。「平易に、読みやすく」といった当初の試みはどこまで実現したか分かりません。しかし、特養という施設での介護が皆様の「視野」に入ってきたとき、この冊子を手に取っていただければ、執筆者一同これに優る幸せはありません。

なお最後になりましたが、個々の施設情報としては、各施設のホームページの他、「福祉サービス第三者評価情報」（WAMNET　独立行政法人福祉医療機構）や「介護サービス情報公表システム」（厚労省）があることを付記しておきます。

2019 年12月

〔PROFILE〕
編著●特定非営利活動法人　介護保険市民オンブズマン機構大阪（O-ネット）
〒537-0025　大阪市東成区中道3-2-34　JAM大阪２F
TEL.06-6975-5221　FAX.06-6975-5223
URL. https://o-netnpo.site

執筆●特養ハンドブック制作研究会
・磯崎　　清（オンブズマン１期生）
・川上　正子（消費生活アドバイザー、オンブズマン１期生）
・後藤田慶子（社会保険労務士、オンブズマン５期生）
・中村　紀子（看護師、オンブズマン11期生）
・堀川世津子（ライター、O-ネット事務局長）

写真協力：特別養護老人ホーム
加寿苑、光明荘、コムシェいばらき、成法苑、
四天王寺たまつくり苑、高槻けやきの郷、宝塚ちどり、
にしのみや聖徳園、藤井寺特別養護老人ホーム、
ゆめあまみ、ライフサポート協会なごみ
近鉄スマイルサプライ株式会社

介護オンブズマンがまとめた
これ１冊でわかる特別養護老人ホーム［改訂版］

2016年６月30日　初版発行
2020年１月20日　改訂版発行

編著者●ⓒ特定非営利活動法人
介護保険市民オンブズマン機構大阪
発行者●田島英二
発行所●株式会社 クリエイツかもがわ
〒601-8382 京都市南区吉祥院石原上川原町21
電話 075(661)5741　FAX 075(693)6605
http://www.creates-k.co.jp　taji@creates-k.co.jp
郵便振替　00990-7-150584
イラスト●ホンマヨウヘイ
装　　丁●佐藤　匠
印 刷 所●モリモト印刷株式会社
ISBN978-4-86342-282-7 C0036　printed in japan

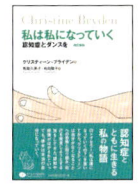

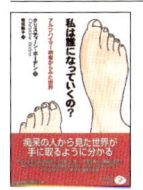

老いる前の整理はじめます！　暮らしと「物」のリアルフォトブック

2刷

NPO法人コンシューマーズ京都／監修　西山尚幸・川口啓子・奥谷和隆・横尾将臣／編著

最期は「物」より「ケア」につつまれて―。
自然に増える「物」。人生のどのタイミングで片づけはじめますか？
終活、暮らし、福祉、遺品整理の分野から既存の「整理ブーム」にはない視点で読み解く。リアルな写真満載、明日に役立つフォトブック！

1500円

健康長寿　鍵は"フレイル（虚弱）"予防

自分でできる３つのツボ

飯島勝矢／編著

みんなが笑顔になる"目からウロコ！"のフレイルチェック。フレイル研究の第一人者が贈る、新たな科学的知見（エビデンス）に基づく、フレイル予防の基礎知識から導入まで。

2000円

老いることの意味を問い直す　フレイルに立ち向かう

新田國夫／監修　飯島勝矢・戸原玄・矢澤正人／編著

65歳以上の高齢者を対象にした大規模調査研究「柏スタディー」の成果から導き出された、これまでの介護予防事業ではなしえなかった画期的な「フレイル予防プログラム」＝市民サポーターがすすめる市民参加型「フレイルチェック」。「食・栄養」「運動」「社会参加」を三位一体ですすめる「フレイル予防を国民運動」にと呼びかける。

2200円

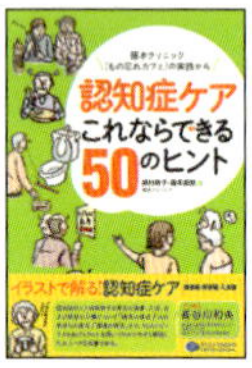

認知症ケアこれならできる 50 のヒント

藤本クリニック「もの忘れカフェ」の実践から

2刷

奥村典子・藤本直規／著

藤本クリニックの「もの忘れカフェ」の取り組みをイラストでわかりやすく解説。三大介護の「食事」「排泄」「入浴」をテーマにした、現場に携わる人へ介護のヒントがたくさん。【長谷川和夫先生すいせん】

2000円

人間力回復　地域包括ケア時代の「10 の基本ケア」と実践 100

4刷

大國康夫／著（社会福祉法人協同福祉会）

介護とは、人を「介」し、尊厳を「護る」こと。最期まで在宅（地域）で暮らし続けられる仕組みを構築すること。施設に来てもらったときだけ介護をしてればいいという時代はもう終わった！これからの「地域包括ケア」時代における介護のあり方、考え方に迫る。

2200円

あなたの大切な人を寝たきりにさせないための介護の基本

あすなら苑が挑戦する 10 の基本ケア

9刷

社会福祉法人協同福祉会／編

施設内に悪臭・異臭なし。オムツをしている人はゼロ！　全員が家庭浴に。 開所まもない頃の介護事故を乗り越え、老人たちのニーズをその笑顔で確認してきた「あすなら苑（奈良）」。最後までその人らしく生活できる介護とは―。

1800円

必携！認知症の人にやさしいマンションガイド

多職種連携からみる高齢者の理解とコミュニケーション

一般社団法人日本意思決定支援推進機構／監修

「困りごと」事例から支援や対応のポイントがわかる。居住者の半数は60歳を超え、トラブルも増加しているマンション。認知症の人にもやさしいマンション環境をどう築いていくか。認知症問題の専門家とマンション管理の専門家から管理組合や住民のみなさんに知恵と情報を提供。

1600円

実践！認知症の人にやさしい金融ガイド

多職種連携から高齢者への対応を学ぶ

一般社団法人日本意思決定支援推進機構／監修　成本迅・COLTEMプロジェクト／編著

認知症高齢者の顧客対応を行う金融機関必携！　多くの金融機関が加盟する「21世紀金融行動原則」から、金融窓口での高齢者対応の困りごと事例の提供を受け、日々高齢者と向き合っている、医療、福祉・介護、法律の専門職が協働で検討を重ねたガイド書。

1600円